Schöningh
westermann

EinFach Deutsch

Johann Wolfgang von Goethe

Iphigenie auf Tauris
... verstehen

Erarbeitet von
Michael Fuchs

Herausgegeben von
Johannes Diekhans
Michael Völkl

Bildnachweis

|Agentur-Zenit, Berlin: Baltzer, David/bildbuehne.de 10, 83, 85. |akg-images GmbH, Berlin: 47, 61. |bpk-Bildagentur, Berlin: 49; Germin 21. |Das Bundesarchiv, Koblenz: Bild 183-B1002-0020-003, Foto: Hochneder, Christa 72. |Dashuber, Thomas, München: 30, 87. |Declair, Arno, Berlin: 35. |Picture-Alliance GmbH, Frankfurt/M.: ZB / Esch-Kenkel, Claudia 31. |stock.adobe.com, Dublin: l-pics 48. |Theater Ingolstadt, Ingolstadt: 74. |ullstein bild, Berlin: Binder 81.

westermann GRUPPE

© 2011 Bildungshaus Schulbuchverlage
Westermann Schroedel Diesterweg Schöningh Winklers GmbH,
Georg-Westermann-Allee 66, 38104 Braunschweig
www.westermann.de

Druck A^8 / Jahr 2021
Alle Drucke der Serie A sind im Unterricht parallel verwendbar.

Umschlaggestaltung: Nora Krull, Hamburg
Umschlagbild: Foto: Volker Beinhorn
Druck und Bindung: Westermann Druck Zwickau GmbH,
Crimmitschauer Str. 43, 08058 Zwickau

ISBN 978-3-14-**022525**-0

Inhaltsverzeichnis

An die Leserin und den Leser

Liebe Leserin, lieber Leser,

jeden Tag lesen wir in der Zeitung oder hören und sehen wir Nachrichten über Mord und Gewalt, über Betrug und Korruption, über Kriege zwischen Staaten und innerhalb von Staaten. Das Menschengeschlecht scheint nicht zur Ruhe kommen zu können.

Auch Goethe musste diese Erfahrung machen, war er doch als Minister in dem Herzogtum Weimar unter anderem zuständig für die Anwerbung von Soldaten, die an andere Fürstentümer „verkauft" wurden. Der Mensch, so hat der Philosoph Immanuel Kant einmal sinngemäß formuliert, scheint aus so krummem Holz gemacht, aus dem nichts Gerades gezimmert werden kann.

Aber Kant und mit ihm und in seiner Nachfolge Johann Gottfried Herder, Gotthold Ephraim Lessing, Friedrich Schiller und eben auch Johann Wolfgang von Goethe waren der Überzeugung, dass es gelingen kann, den Menschen zur Menschlichkeit zu erziehen.

Insbesondere Goethe und Schiller wiesen dabei der Literatur eine besondere Bedeutung zu: Sie sollte vorbildhaftes Verhalten zeigen, an dem die Leser sich orientieren können.

Iphigenie ist eine solche vorbildhafte Gestalt. In höchster Bedrängnis, in der ihr eigenes Leben und auch das Leben ihres Bruders und ihres Cousins in Gefahr sind, entschließt sie sich zu wirklich moralischem Handeln – auch auf die Gefahr hin, genau dadurch die Leben zu gefährden.

Wir bezeichnen heute die Zeit, in der Goethes Schauspiel „Iphigenie auf Tauris" entstand, als „Weimarer Klassik". Gemeint ist damit sowohl, dass die Werke, die in dieser Zeit entstanden, zeitlos gültig sind, als auch, dass sie einen gewissen Höhepunkt der deutschen Literatur darstellen. Über beide Aspekte lässt sich durchaus streiten. Nicht aber darüber, dass das Problem der Erziehung zur Menschlichkeit heute mehr denn je aktuell ist.

Goethes Schauspiel gilt als schwierig zu lesen. Es greift auf einen antiken mythischen Stoff zurück, der uns heute nicht mehr unbedingt geläufig ist. Das Schauspiel ist handlungsarm, gestritten wird vor allem mit Worten. Die Sprache ist bewusst altertümlich und zudem durchgängig in rhythmisierter Form verfasst. All das sperrt sich gegen ein flüchtiges Lesen.

Der vorliegende Band aus der Reihe „EinFach Deutsch – … verstehen" will Ihnen eine Hilfe bieten, einen Zugang zum Verständnis und zur Deutung des Schauspiels zu finden. Dies geschieht zum einen durch eine genaue Darstellung des Inhalts und der Personenkonstellation. Darüber hinaus vermittelt er auf anschauliche Weise die biografischen, zeitgeschichtlichen und kunsttheoretischen Hintergründe des Werks. Zum Zweck der erfolgreichen Prüfungsvorbereitung können außerdem die Aufgabenform „Personencharakterisierung" sowie textanalytische Verfahren erarbeitet und die wesentlichen Aspekte des Schauspiels in übersichtlicher und einprägsamer Weise wiederholt werden.

Ich wünsche Ihnen, dass Sie an der Lektüre der „Iphigenie auf Tauris" ein intellektuelles Vergnügen finden.

Michael Fuchs

Der Inhalt im Überblick

Für sein Schauspiel „Iphigenie auf Tauris" greift Goethe auf einen Stoff der griechischen Mythologie zurück. Iphigenie gehört zu dem Geschlecht der Tantaliden, auf dem ein schrecklicher Fluch lastet: Die Mitglieder dieses Geschlechts betrügen einander und bringen sich gegenseitig grausam um. Zu dem Geschlecht der Tantaliden gehört auch Agamemnon, ein Griechenfürst, der beteiligt ist an dem zehnjährigen Kampf gegen Troja. Vor der Abfahrt nach Troja will er seine Tochter Iphigenie opfern, um günstige Winde zu erhalten.

Iphigenie ist aber, ohne dass dies von ihrer Familie bemerkt wird, von der Göttin Diana vor dem Opfertod durch ihren Vater gerettet und auf die Insel Tauris gebracht worden. Dort lebt sie nun als Priesterin der Göttin. Ihr ist es gelungen, das Vertrauen von Thoas, dem Herrscher der Insel, zu gewinnen. Sie hat ihn davon überzeugt, einen alten, barbarischen Brauch nicht mehr auszuüben, nämlich jeden Fremden, der die Insel betritt, zu opfern.

Thoas, der Frau und Sohn verloren hat, hält um Iphigenies Hand an. Iphigenie aber will nicht seine Frau werden, da sie weiß, dass sie dann nicht mehr in ihre Heimat zu ihrer Familie zurückkehren kann. Auf ihre Weigerung hin befiehlt ihr Thoas im Zorn, die Menschenopfer wieder durchzuführen. Iphigenie soll das Opfer gleich an zwei Griechen vollziehen, die auf der Insel festgenommen worden sind.

Im Gespräch mit den beiden Griechen erfährt Iphigenie, dass es sich bei den Fremden um ihren Bruder Orest und ihren Cousin Pylades handelt. Der Fluch der Tantaliden scheint also auch weiterhin auf Iphigenie zu lasten. Orest berichtet ihr vom Ende des Trojanischen Krieges und davon, dass er ihrer beider Mutter Klytämnestra und ihren Liebhaber Ägist ermordet hat, und zwar als Rache dafür, dass sie seinen und Iphigenies Vater Agamemnon ermordet haben. Seitdem fühlt er sich von den Furien, den Rachegöttinnen, verfolgt. Ein Orakelspruch des Gottes Apoll (in der Mythologie ein Bruder der Göttin Diana) hat ihm die Erlösung von den Furien versprochen, wenn er „die Schwester" von Tauris nach Griechenland bringt. Orest und sein Cousin und Freund Pylades verstehen den Orakelspruch so, dass sie das Bild der Göttin Diana, das sich auf der Insel Tauris befindet, nach Griechenland bringen sollen.

Nachdem sie dort von Thoas festgenommen worden sind, schmiedet Pylades einen Fluchtplan, bei dem Iphigenie eine zentrale Rolle spielen soll, indem sie Thoas belügt. Von schweren Gewissensnöten geplagt, entschließt sich Iphigenie jedoch, Thoas über den geplanten Betrug aufzuklären. Damit nimmt sie die Gefahr in Kauf, dass sowohl ihr eigenes Leben als auch das ihres Bruders und Cousins gefährdet ist. Ihr gelingt es aber, Thoas davon zu überzeugen, dass sie mit Orest und Pylades in Frieden die Insel verlassen darf. Das Schauspiel endet mit Thoas' Worten: „Lebt wohl!"

Die Personenkonstellation

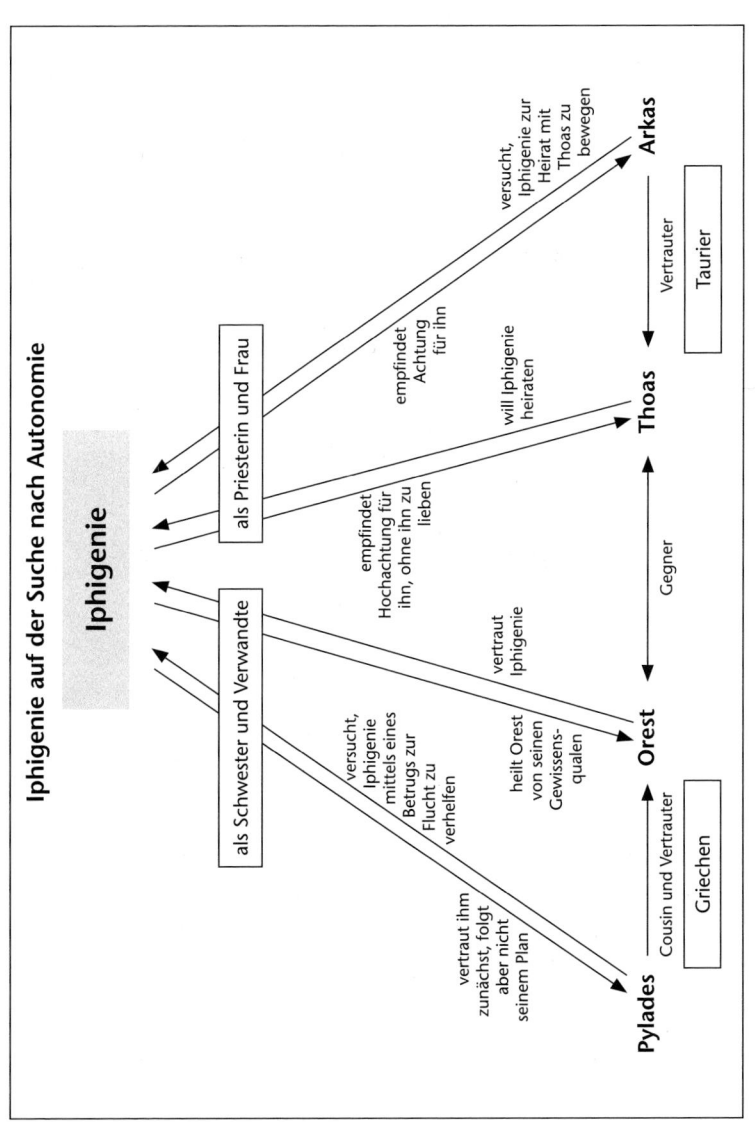

Inhalt, Aufbau und erste Deutungsansätze

Erster Aufzug – Iphigenies Situation auf Tauris

Erster Auftritt: Iphigenies Eingangsmonolog

Inhalt des Monologs

Das Schauspiel beginnt mit einem Monolog Iphigenies, in dem sie ihre Situation auf der Insel Tauris reflektiert.

Zusammenfassung der Motive

Vier Motive sind es, die in diesem Monolog zur Sprache kommen: Iphigenies Gefühl der Fremdheit und Einsamkeit auf Tauris, ihre Sehnsucht nach der Heimat, die Ohnmacht der Frauen und ihr Verhältnis zu den Göttern, speziell zur Göttin Diana, der sie ihre Rettung vor dem Opfertod verdankt und der sie auf Tauris als Priesterin dient.

Iphigenies Situation auf Tauris

Der Zuschauer erfährt, dass Iphigenie seit einigen Jahren gegen ihren Willen auf der Insel Tauris festgehalten wird. Ihre Gefühle sind zwiespältig: Auf der einen Seite akzeptiert sie den Willen der Götter und verrichtet andächtig ihren Dienst als Priesterin der Göttin Diana (vgl. V. 1–5)[1], auf der anderen Seite macht sie deutlich, dass der Wille der Götter nicht ihrem Willen entspricht (vgl.

Iphigenie (Schaubühne Berlin 1998)

---

[1] Sämtliche Stellenangaben beziehen sich auf die im Literaturverzeichnis aufgeführte Ausgabe des Schöningh Verlags.

V. 6). Ihre Sehnsucht gilt ihrer alten Heimat, der Aufgeho-
benheit in den familiären Beziehungen (vgl. V. 10-22).

Sehnsucht nach der Heimat

Sie beklagt, dass ihr nicht die Möglichkeiten eines Mannes
zur Verfügung stehen, sich mittels Gewalt aus der Gefangenschaft zu befreien oder zumindest einen ehrenvollen
Tod im Kampf zu finden (vgl. V. 23-28). Stattdessen sei es
das Schicksal der Frauen zu gehorchen, sei es einem Gat-
ten, was sie noch als „Pflicht und Trost" (V. 31) empfinden
könnten, oder sei es in der Fremde, was das Elend noch
vergrößere (vgl. V. 29-32). Iphigenie erlebt dieses Schicksal selbst, da sie Thoas gehorchen muss, den sie zwar als
„edel" bezeichnet, der sie gleichwohl aber in „ernsten,
heil'gen Sklavenbanden" festhält (V. 33 f.).
Die „Sklavenband[e]", von denen sie sich an Tauris gebun-
den fühlt, stehen dabei im Gegensatz zu den „sanften Banden" (V. 22) der Familienzusammengehörigkeit.

Klage über die Ohnmacht der Frauen

Zum Abschluss des Monologs wendet sich Iphigenie an die
Göttin Diana selbst mit der Bitte, sie von Tauris zu erretten.
Indem Iphigenie die Göttin direkt anspricht (vgl. V. 35),
nähert sich ihr Monolog einem Gebet an die Göttin. Sie
gesteht, dass sie ihr nur mit „stillem Widerwillen" (V. 36)
dient, trotzdem aber hofft, von Diana erneut gerettet zu
werden. Noch geht Iphigenie davon aus, dass ihr Vater
Agamemnon im Schutz der Göttin wohlbehalten nach Mykene zurückgekehrt ist und dort mit ihrer Mutter und ihren
Geschwistern lebt. Dies gibt ihr die Hoffnung, dass auch sie
von der Göttin nach Hause geführt wird (vgl. V. 35-53).
Fast beschwörend ruft sie die Göttin an, sie von Tauris zu
retten, da sie das Leben dort eher als Tod empfinde (vgl.
V. 52 f.). Das Ausrufezeichen verstärkt den beschwörenden
Charakter ihrer Aussage.

Iphigenies Verhältnis zu der Göttin Diana

Iphigenies innere und äußere Situation auf Tauris

- wird von König Thoas auf der Insel festgehalten
- dient der Göttin Diana als Priesterin „mit stillem Widerwillen"
- fühlt sich nicht heimisch
- sehnt sich nach ihrer Familie in Griechenland
- beklagt ihr Schicksal, als Frau zur Tatenlosigkeit verurteilt zu sein
- hofft, dass die Göttin Diana ihr zur Rückkehr in die Heimat verhilft

Funktion des Auftritts

Schon im ersten Auftritt, der der klassischen Dramenlehre zufolge einen Teil der Exposition bildet, wird ein grundlegender Aspekt angesprochen, der Iphigenies Leben auf Tauris dominiert: die mangelnde Möglichkeit, ihr Leben selbst zu bestimmen. Die Gewinnung ihrer Autonomie – ein zentraler Aspekt der Aufklärung – wird zu dem Hauptproblem des Schauspiels.

Zweiter Auftritt: Gespräch zwischen Iphigenie und Arkas

Vorbereitung des dramatischen Konflikts

In dem Gespräch mit Arkas, dem Vertrauten Thoas', wird der dramatische Konflikt vorbereitet: Arkas mahnt Iphigenie, Thoas' Werben um ihre Hand zu erhören, da er ansonsten befürchte, dass Thoas die Menschenopfer erneut fordere.

Arkas als Bote des Königs

Zu Beginn des Dialogs tritt Arkas als Bote des Königs auf. In emotionsloser, formeller Sprache überbringt er Iphigenie, die er distanziert als „Priesterin Dianens" (V. 55) bezeichnet, die Grüße des Königs und berichtet von einem militärischen Sieg Thoas'. Iphigenie antwortet ebenso sprachlich distanziert in ihrer Rolle als Priesterin (vgl. V. 60 ff.).

Arkas als Privatperson

Vorwurf gegen Iphigenie, unnahbar zu sein

Unvermittelt wechselt Arkas dann in seine Rolle als Privatperson, was insbesondere durch die Interjektion „O" (V. 63) zum Ausdruck kommt. Er wirft Iphigenie vor, sich den Tauriern gegenüber zu verschließen und unnahbar zu sein (vgl. V. 63–73). Iphigenie rechtfertigt sich mit dem Hinweis auf ihre Situation als aus der Heimat verstoßene Frau, die gegen ihren Willen von ihrer Familie getrennt wurde (vgl. V. 74–90). Arkas erinnert sie daraufhin an ihre Verdienste, die sie auf Tauris erworben habe. Durch ihn erfahren die Zuschauer, dass es Iphigenie gelungen ist, durch ihren guten Einfluss einen alten Brauch der Taurier abzuschaffen, demzufolge jeder Fremde, der die Insel betritt, geopfert wird. Arkas wirft ihr vor, ihre guten Taten nicht angemessen zu würdigen (vgl. V. 91–149). Er bereitet Iphigenie darauf vor, dass Thoas erscheinen werde, um um ihre Hand anzuhalten, und er bittet sie, Thoas zu erhören. Als Begründung führt er an, dass Thoas nach dem Tod seines Sohnes keinen Nachfolger habe und so militärische Auseinandersetzungen zu befürchten seien. Er gibt weiterhin Iphigenie zu bedenken, dass Thoas kein besonderes Geschick im Reden habe, und er fordert sie auf, ihm deshalb in seinem Anliegen entgegenzukommen. Er warnt Iphigenie vor möglichen Gewalttaten durch Thoas, falls sie sein Werben nicht erhöre (vgl. V. 150–213).

In einem kurzen Monolog bedenkt Iphigenie ihre Lage. Sie ist fest entschlossen, das Anliegen Thoas', sie zu heiraten, abzulehnen, hofft aber, einen positiven Einfluss auf Thoas nehmen zu können (vgl. V. 214–219).

Durch diesen Auftritt erfährt der Zuschauer mehr über Iphigenies Leben auf Tauris. Mit Arkas' Ankündigung, dass Thoas um Iphigenies Hand anhalten wolle, verschärft sich die Situation für Iphigenie, da die Chance, die Insel verlassen zu können, kleiner wird. Die Spannung des Zuschauers richtet sich darauf, ob Iphigenie dem Werben von Thoas ausweichen kann, ohne negative Folgen befürchten zu müssen.

Deutlich wird weiterhin die Hochachtung der Taurier vor Iphigenie aufgrund ihres Wirkens auf der Insel.

Zusätzlich dient der Auftritt der indirekten Charakterisierung von Thoas. In Arkas' Darstellung erscheint er als Herr-

Iphigenies Rechtfertigung

Arkas erinnert Iphigenie an ihre Verdienste gegenüber den Tauriern

Ankündigung des Heiratsantrags von Thoas

Iphigenies Reaktion

Funktion des Auftritts: Verschärfung des Konflikts für Iphigenie

scher, der unter dem Einfluss von Iphigenie Humanität zeigt, indem er die grausamen Menschenopfer abgeschafft hat. Gleichzeitig sei er aber aufgrund seiner persönlichen Situation verschlossen und misstrauisch geworden.

Dritter Auftritt: Gespräch zwischen Iphigenie und Thoas

Mit diesem Auftritt wird der dramatische Konflikt entfaltet: Als Iphigenie den Heiratsantrag Thoas' ablehnt, befiehlt dieser erzürnt, die Menschenopfer wieder einzuführen und gleich an zwei Fremden zu vollziehen, die auf der Insel entdeckt worden sind. Er stürzt Iphigenie damit in einen schweren Gewissenskonflikt.

Nachdem Iphigenie ihren Segenswunsch entrichtet hat, berichtet Thoas von seiner inneren Situation: Er fühlt sich, nachdem er den Tod seines Sohnes gerächt hat, einsam und er fürchtet, dass ihm sein Volk nur noch unmutig gehorcht, solange keine Regelung für seine Nachfolge gefunden ist. Um des Volkes und seines Glückes willen halte er um die Hand Iphigenies an (vgl. V. 220–250). Die Art und Weise, wie Thoas mit Iphigenie spricht, verdeutlicht sein Vertrauen in Iphigenie und seine Hochachtung. Er tritt nicht als Herrscher auf, der gewohnt ist, dass seinen Befehlen Folge geleistet wird, sondern als gleichberechtigter Partner, der einen Wunsch äußert.

Iphigenie versucht, diesem Anliegen mit dem Hinweis auf ihre unbekannte Herkunft auszuweichen, sie stellt darüber hinaus ihre Herkunft als Bedrohung dar (vgl. V. 251–278).

Thoas aber drängt sie weiterhin, ihm ihre Herkunft zu eröffnen, und er verspricht ihr, sie von der Insel gehen zu lassen, falls Hoffnung für sie bestehe, nach Hause zurückkehren zu können. Sei jedoch ihre Familie vertrieben oder getötet, so müsse sie bei ihm bleiben (vgl. V. 279–299). Daraufhin

berichtet ihm Iphigenie ausführlich über ihre Abstammung aus dem Geschlecht der Tantaliden und über den Fluch, mit dem ihr Geschlecht beladen ist (vgl. V. 300–432).[1] Diese Erzählung geht insofern über den antiken Mythos hinaus, als Iphigenie nicht den Menschen einseitig die Schuld für ihr Verhalten zuweist, sondern vielmehr die Götter selbst dafür verantwortlich macht, da sie ihrer Meinung nach zu wenig Rücksicht nähmen auf menschliche Schwächen (vgl. V. 315–326). Mit dem Bericht über ihre Familiengeschichte hofft Iphigenie, Thoas davon abzuschrecken, sie heiraten zu wollen. Immerhin müsste er befürchten, dass auch ihn der Fluch der Tantaliden treffen könnte. Thoas indes lässt sich von Iphigenies Herkunft nicht abschrecken und wiederholt seinen Antrag. Iphigenie lehnt diesen jedoch weiterhin ab mit zweifacher Begründung. Zum einen stehe ihr Leben unter dem Schutz der Göttin Diana, die ihr kein Zeichen gegeben habe, auf der Insel zu bleiben. Zum anderen denke sicher ihre Familie mit Trauer an sie und ihre Rückkehr könne sowohl ihr als auch ihrer Familie neues Leben schenken (vgl. V. 433–462). Thoas aber lässt sich von ihren Worten nicht überzeugen. Sein Sprachduktus ändert sich nun. Trat er am Anfang des Auftritts als Werbender um Iphigenie auf, wendet er sich nun im Zorn gegen sie. Er wirft ihr vor, „weibisch" (vgl. V. 465 und V. 480) zu denken, das heißt für ihn unvernünftig zu denken. Er bezweifelt, dass Iphigenie auf die Stimme der Göttin höre, und als sie darauf besteht, wendet er das Argument gegen sie: Es sei sein Fehler gewesen, dem Rat der Göttin nicht gefolgt zu sein und die Menschenopfer eingestellt zu haben. Voller Zorn befiehlt er Iphigenie, das Menschenopfer an zwei Fremden, die am Ufer entdeckt worden sind, zu vollziehen (vgl. V. 463–537).

Thoas wiederholt seinen Antrag: erneute Ablehnung durch Iphigenie

Thoas' Vorwürfe gegen Iphigenie und sein Befehl, die Menschenopfer wieder einzuführen

---

[1] Eine Zusammenfassung der Geschichte der Tantaliden finden Sie in dem Kapitel „Der mythologische Kontext", S. 40.

Funktion des
Auftritts

Das, was Arkas im vorangegangenen Auftritt angedeutet hat, scheint sich nun zu bewahrheiten: Iphigenie steht vor dem Konflikt, entweder Thoas zu heiraten oder die von ihr abgeschafften Menschenopfer wieder einführen zu müssen. Dabei erscheint Thoas auf der einen Seite als höflicher Mensch, der Iphigenie sehr respektvoll behandelt. Auf der anderen Seite aber wird ebenso deutlich, dass er sich von seinen Emotionen leiten lässt und sich von seiner humanen Seite abwendet, indem er Iphigenie zu erpressen versucht.

Thoas' Charakter

Vierter Auftritt: Monolog Iphigenie

Iphigenies
Glaube an die
Güte der Götter

In einem Gebet wendet sich Iphigenie an die Göttin Diana, wobei der Gebetscharakter dadurch deutlich wird, dass sie die Göttin direkt anspricht (vgl. z. B. V. 538). Sie verweist auf deren Macht, Unheil zu verhüten, und bittet sie, sie vor den Menschenopfern zu bewahren (vgl. V. 538–549). Sie entfaltet ein Bild von den Göttern, nach dem diese den „guten" Menschen wohlgesonnen sind (vgl. V. 550–560). Dieses Götterbild steht in einem gewissen Gegensatz zu dem, welches sie in ihrer Erzählung über das Tantalidengeschlecht entworfen hat (vgl. S. 15).

Iphigenies
Situation am
Ende des
ersten Aufzugs

Nach dem Gespräch mit Thoas befindet sich Iphigenie in einer verzweifelten Lage. Ihre Bitte an die Göttin Diana, sie von der Insel zu retten, scheint nicht gehört zu werden. Verschärfend tritt nun hinzu, dass Thoas sie zwingen will, die Menschenopfer wieder durchzuführen. Das Menschenopfer ist für Iphigenie ein grundlegender Verstoß gegen ihren Anspruch von einem wahrhaft menschlichen Miteinander. Der Fluch, der auf dem Geschlecht der Tantaliden liegt, scheint sich auch auf ihr Leben auszuwirken.

Zweiter Aufzug – Die Orest-Handlung (1. Teil)

Hauptfigur im zweiten und dritten Aufzug ist nicht Iphigenie, sondern ihr Bruder Orest. Dargestellt wird der Wahnsinn Orests, der durch seinen Mord an seiner Mutter und die dadurch bedingten Gewissensbisse ausgelöst wird, und die Heilung von diesem Wahnsinn durch den guten Einfluss Iphigenies.

Erster Auftritt: Gespräch zwischen Orest und Pylades

Der erste Auftritt des zweiten Aufzugs kann noch zur Exposition gezählt werden. In einem Gespräch zwischen Orest und seinem Freund und Cousin Pylades wird die psychische Situation beider dargestellt.

Orest befindet sich in einer verzweifelten, deprimierten, hoffnungslosen Stimmung. Er glaubt nicht an eine Rettung vor dem Opfertod und stellt fest: „Es ist der Weg des Todes, den wir treten" (V. 561). Ohne Widerstand will er sich in das Schicksal ergeben, das seiner Meinung nach die Götter für ihn vorherbestimmt haben:

Orests Verzweiflung

„Wie leicht wird's mir, dem eine Götterhand
Das Herz zusammendrückt, den Sinn betäubt,
Dem schönen Licht der Sonne zu entsagen. [...]
Soll ich wie meine Ahnen, wie mein Vater,
Als Opfertier im Jammertode bluten:
So sei es! [...]"
(V. 571 ff.).

Er ist erfüllt von Todessehnsucht, da er sich durch den Tod Befreiung von den Erinnyen, den Rachegöttinnen, verspricht, von denen er sich verfolgt fühlt. Er spricht sie direkt an:

„Lasst mir so lange Ruh, ihr Unterird'schen,
Die nach dem Blut ihr, das von meinen Tritten
Hernieder träufelnd meinen Pfad bezeichnet,
Wie losgelassne Hunde spürend hetzt."
(V. 581 ff.)

Pylades' Optimismus

Im Gegensatz zu Orest hat sich Pylades nicht aufgegeben, er ist optimistisch, noch einen Ausweg aus ihrer schwierigen Situation zu finden:

„Ich bin noch nicht, Orest, wie du bereit,
In jenes Schattenreich hinabzugehn.
Ich sinne noch, durch die verworrnen Pfade,
Die nach der schwarzen Nacht zu führen scheinen,
Uns zu dem Leben wieder aufzuwinden."
(V. 596 ff.)

Und ebenfalls wie Orest beruft er sich dabei auf den Willen der Götter (vgl. V. 610 ff.).

Erinnerung an gemeinsame Jugendzeit

Orests Glaube an den Fluch der Tantaliden

Beide erinnern sich an die glücklich zusammen verbrachte Jugendzeit, diese Erinnerungen werden für Orest jedoch dadurch wieder verdunkelt, dass er nun seinen Freund Pylades mit in den Tod reißt. Er deutet dies so, dass sein Leben schon von Jugendzeit an unter dem Fluch der Tantaliden gestanden hat:

„Das ist das Ängstliche von meinem Schicksal,
Dass ich, wie ein verpesteter Vertriebner,
Geheimen Schmerz und Tod im Busen trage;
Dass, wo ich den gesundsten Ort betrete,
Gar bald um mich die blühenden Gesichter
Den Schmerzenszug langsamen Tods verraten."
(V. 656 ff.)

Nochmals betont er seine Auffassung, dass die Götter ihn zum Mörder seiner Mutter bestimmt haben, um die Missetaten des Tantalus zu rächen (vgl. V. 707 ff.).

Pylades' Glaube an Rettung

Pylades dagegen beschwört Orest, an den guten Willen der Götter zu glauben, der zusammen mit ihrer beider menschlichen Klugheit Rettung bringen werde (vgl. V. 713 ff. und V. 730 ff.). Er wirft Orest vor, sein Unglück durch die übersteigerten Selbstvorwürfe zu vergrößern, und fordert ihn auf, seinen, Pylades', Plänen zu folgen:

„[...] Du mehrst das Übel
Und nimmst das Amt der Furien auf dich.
Lass mich nur sinnen, bleibe still!"   (V. 756 ff.)

Orest
- deprimiert, verzweifelt, hoffnungslos
- ergibt sich willenlos in sein Schicksal
- Todessehnsucht
- fühlt sich von den Rachegöttinnen verfolgt
- glaubt, dass der Fluch der Tantaliden auf ihm lastet
- Erinnerung an die Jugendzeit ist verdunkelt

handlungsunfähig

Psychische Situation von Orest und Pylades

Pylades
- ist optimistisch, einen Ausweg aus der schwierigen Situation zu finden
- voller Tatendrang
- glaubt an die Hilfe durch die Götter
- beschwört die gemeinsame Jugendzeit
- setzt auf seine Klugheit und List

handlungsbereit

Der Auftritt knüpft an die letzte Aussage des vorangegangenen Auftritts von Thoas an. Der Zuschauer lernt die beiden Charaktere kennen, an denen das Menschenopfer vollzogen werden soll. Dabei vertritt Orest ein pessimistisches Weltbild, in dem der Mensch nur als ein Spielball der Götter erscheint, während Pylades eine lebensbejahende Auffassung vertritt und auf seine Klugheit setzt, sich aus der gefährlichen Situation zu befreien.

Die Zuschauer, die den antiken Mythos der Tantaliden kennen, wissen schon jetzt, dass es sich bei Orest um den Bruder Iphigenies handelt. Sie ahnen also schon die sich anbahnende Verschärfung des Konflikts, da Iphigenie Thoas' Befehl zufolge ihren Bruder opfern müsste.

Funktion des Auftritts

Zweiter Auftritt: Gespräch zwischen Iphigenie und Pylades

Beide geben sich nicht zu erkennen

Der zweite Auftritt des zweiten Aufzugs beinhaltet ein Gespräch zwischen Iphigenie und Pylades, das allerdings von beiderseitigem taktischem Verhalten bestimmt ist: Beide geben ihre wahre Identität nicht zu erkennen. Während Iphigenie sich nur als „Priesterin" bezeichnet, gibt Pylades sich und Orest als gemeinsame Söhne eines im Kampf um Troja gefallenen Vaters aus (vgl. V. 824 ff.). Sein Bruder habe im Kampf um das Erbe einen dritten Bruder erschlagen und leide deshalb an Wahnvorstellungen; gemeinsam seien sie nun von Apoll nach Tauris entsandt, um Schutz und Hilfe zu finden.

Iphigenie erfährt vom Schicksal ihrer Familie

In dem weiteren Gespräch erfährt Iphigenie vom Ende des Kampfes um Troja und vor allem vom Tod ihres Vaters durch die Hand ihrer Mutter. Noch schwerer trifft sie aber, dass sie selbst Ursache für den Mord an ihrem Vater ist: Ihre Mutter Klytämnestra, so berichtet Pylades, habe sich für die vermeintliche Opferung Iphigenies rächen wollen (vgl. V. 880 ff.). Als Zeichen ihres Schmerzes verhüllt sie sich und wendet sich ab. Sie weiß nun, dass ihre Chancen, Tauris verlassen und in die Heimat zurückkehren zu dürfen, beträchtlich gesunken sind. Pylades deutet ihre Trauer als Zeichen dafür, dass sie dem Königshaus nahegestanden habe. Er schöpft daraus neue Hoffnung für die Rettung von der Insel Tauris (vgl. V. 919 ff.).

Pylades schöpft Hoffnung

Dramatische Handlung am Ende des zweiten Aufzugs

Für Iphigenie scheint es keine Möglichkeit mehr zu geben, die Insel verlassen zu können, da sie nun davon ausgehen muss, dass ihre Familie nicht mehr am Leben ist. Dies allerdings würde bedeuten, dass sie Thoas' Werben nachgeben und seine Frau werden muss. Ihr Wunsch nach einem selbstbestimmten Leben würde damit nicht in Erfüllung gehen.

Dritter Aufzug – Die Orest-Handlung (2. Teil)

Erster Auftritt: Gespräch zwischen Iphigenie und Orest

In dem ersten Auftritt des dritten Aufzuges kommt es zur Wiedererkennung der Geschwister Iphigenie und Orest. Nach der antiken Dramenkonzeption soll die Wiedererkennung mit der Peripetie, dem Umschlag der Handlung, zusammenfallen.

Wiedererkennung als Umschlag der Handlung

Wie auch schon in dem Gespräch mit Pylades geben sich die Gesprächspartner zunächst nicht zu erkennen. Iphigenie beteuert Orest, dass sie nicht das Opfer an ihm vollziehen werde, betont aber ihre Ohnmacht, da in diesem Fall Thoas sie des Amtes entheben werde (vgl. V. 934 ff.).

Beide Gesprächspartner geben sich nicht zu erkennen

Orests Frage nach ihrer Identität lässt sie unbeantwortet und fragt stattdessen nach näheren Informationen zum Schicksal ihres Elternhauses. Ihre Freude über die Nachricht, dass ihre Geschwister Orest und Elektra leben, wird jedoch sofort von Orest gedämpft, da er ihr von dem Mord an Klytämnestra berichtet, ohne sich selbst als den Mörder zu erkennen zu geben. Auf Iphigenies Nachfrage schildert er in bildreichen, eindrucksvollen Worten die Gewissensqualen Orests.

Iphigenie erfährt mehr über das Schicksal ihrer Familie

Als er merkt, dass Iphigenie Verständnis für seine Situation aufbringt, gibt er sich zu erkennen:

Orest gibt sich zu erkennen

„Ich kann nicht leiden,
    dass du große Seele
Mit einem falschen Wort
    betrogen werdest.
[...] zwischen uns
Sei Wahrheit!"
(V. 1076 ff.)

Iphigenie und Orest (Schauspielhaus Hamburg 1947)

Er fordert sie auf, sich gemeinsam mit Pylades zu retten,
ihn aber hier sterben zu lassen. Daraufhin versucht Iphigenie zunächst in Andeutungen ihre Identität zu offenbaren,
diese Andeutungen werden aber von Orest nicht durchschaut. Auch als Iphigenie ihren Namen nennt, schenkt er
ihr keinen Glauben, sondern vermutet, dass die Priesterin
in ihn verliebt sei und ihn deshalb retten wolle. Er rät ihr:

„Und wenn du einen Jüngling rettend lieben,
Das schöne Glück ihm zärtlich bieten willst,
So wende meinem Freunde dein Gemüt,
Dem würd'gen Manne, zu."
(V. 1206 ff.)

Und selbst als er von ihrer wahren Identität überzeugt ist,
kann er die Freude Iphigenies über das Wiedertreffen nicht
teilen; er sieht nur die Fortsetzung des Fluchs, da er von
seiner eigenen Schwester geopfert werden soll. Voll Bitter-
keit ruft er aus:

„Unselige! So mag die Sonne denn
Die letzten Gräuel unsers Hauses sehn!"
(V. 1223 f.)

Immer noch ergibt er sich willenlos in sein vermeintliches
Schicksal, das er in düsteren Bildern beschreibt:

„Im Kreis geschlossen tretet an, ihr Furien,
Und wohnet dem willkommnen Schicksal bei,
Dem letzten, grässlichsten, das ihr bereitet!"
(V. 1244 ff.)

Er sinkt in Ohnmacht, und Iphigenie macht sich auf, um
Pylades zur Hilfe zu holen.

Mit der Wiederbegegnung mit ihrem Bruder ergibt sich für
Iphigenie eine neue Hoffnung, die Insel verlassen zu können, da ihr Thoas ja das Versprechen gegeben hat, sie gehen zu lassen, wenn sich für sie die Möglichkeit ergibt, in
die Heimat zurückzukehren. Ihr Bruder Orest könnte ihr
nun diese Möglichkeit bieten.

Zweiter Auftritt: Monolog Orest

Orest erwacht aus seiner Betäubung und wähnt sich in ei- Orests
ner Vision in der Unterwelt, dem Reich der Toten, in dem Friedensvision
seine Vorfahren, die von den grausigsten Taten belastet
sind, Frieden miteinander geschlossen haben. In der Vision
wird auch er in den Kreis der Toten aufgenommen und
kann selbst mit der Versöhnung mit seiner Mutter rechnen.
Noch zweifelnd fragt er:

„[...] Bist du's, mein Vater?
Und führst die Mutter vertraut mit dir?
Darf Klytämnestra die Hand dir reichen,
So darf Orest auch zu ihr treten
Und darf ihr sagen: ‚Sieh deinen Sohn!'"
(V. 1290 ff.)

Ausgespart von dieser umfassenden Friedensvision bleibt
jedoch der Urheber des Fluchs selbst, Tantalus, dem die
Götter als Einzigem weiterhin grausame Qualen auferlegt
haben (vgl. V. 1307 ff.).

Orests Vision der Unterwelt ist Teil seines Heilungspro- Die Friedensvisi-
zesses, da er in dieser Vision die Möglichkeit der Versöh- on als Teil des
nung des zerstrittenen Geschlechts der Tantaliden sieht. Heilungspro-
Insgesamt muss beachtet werden, dass Goethe Orests Ge- zesses
wissensqualen psychologisiert, d. h., in das Innere der Person verlegt. In der antiken Mythologie waren es die Rachegöttinnen, die Erinnyen, die den Mörder oft in Form von
Fliegen verfolgten. Sie waren also körperlich präsent. In
Goethes Schauspiel aber sind die Erinnyen körperlich nicht
anwesend. Insofern ist es konsequent, dass die Erlösung
von den Gewissensqualen nicht durch einen göttlichen Befehl erfolgt, sondern durch die gedankliche Vorwegnahme
einer möglichen gegenseitigen Vergebung der Missetaten.

Dritter Auftritt: Gespräch zwischen Orest, Iphigenie und Pylades

Als Iphigenie und Pylades zu Orest treten, glaubt er auch sie als Tote in der Unterwelt. Erst Iphigenies Bitte an die Geschwister Apoll und Diana, Orest von seinem Wahnsinn zu befreien, und Pylades' Aufforderung, ihre Körper zu befühlen, um festzustellen, dass sie keine Schatten seien, bringen Orest in die Wirklichkeit zurück. Er bemerkt, dass

Orests Befreiung von den Gewissensqualen

er von den Gewissensqualen befreit ist (aus den Erinnyen sind die Eumeniden geworden, die „Wohlmeinenden"; vgl. V. 1359), und im Gegensatz zu seiner zuvor pessimistischen, deprimierten, schicksalsergebenen Einstellung ruft er nun voller Tatendrang aus:

„Die Erde dampft erquickenden Geruch
Und ladet mich auf ihren Flächen ein,
Nach Lebensfreud und großer Tat zu jagen."
(V. 1362ff.)

Dramatische Handlung am Ende des dritten Aufzugs

Am Ende des dritten Aufzugs hat sich die Situation auf der einen Seite zugespitzt, da über Iphigenie die Drohung schwebt, ihren Bruder und ihren Cousin opfern zu müssen und sich somit weiterhin auch an ihr der Fluch der Tantaliden erfüllt. Auf der anderen Seite jedoch scheinen sich für sie durch Orests Ankunft und Heilung Möglichkeiten aufzutun, in ihre Heimat zurückzukehren. Dabei deutet Orests Friedensvision auch eine Erlösung von dem Fluch der Tantaliden an. Zu bedenken ist allerdings, dass der Urheber des Fluchs, Tantalus, nicht erlöst ist. Damit ist auch der Fluch selbst noch nicht gänzlich aufgehoben.

Vierter Aufzug – Die Auseinandersetzung zwischen Iphigenie und Pylades

Im Mittelpunkt des vierten Aufzugs steht die große Auseinandersetzung zwischen Iphigenie und Pylades, in der es um die Frage geht, ob der drohende Opfertod von Orest und Pylades eine Lüge rechtfertigt. Allgemeiner gesagt geht es um die Frage, ob ein guter Zweck (hier die Rettung vor dem Opfertod) ein moralisch bedenkliches Mittel (hier die Lüge) rechtfertigt oder ob moralisch bedenkliche Mittel grundsätzlich zu verwerfen sind, unabhängig davon, welchem Zweck sie dienen.

Pylades wird die Position des „klugen" Handelns vertreten, Iphigenie dagegen ringt sich zu unbedingt moralischem Handeln durch, auch auf die Gefahr hin, das Leben ihres Bruders aufs Spiel zu setzen.

Erster Auftritt: Monolog Iphigenie

In einem Monolog dankt Iphigenie zunächst für die Hilfe, die die Götter ihr in Gestalt des Pylades haben zukommen lassen.

Iphigenies Dank an die Götter

Dabei wird noch einmal ihr grundsätzlich positives Götterbild deutlich. Die Götter ließen zwar den Menschen Freude und Schmerzen erleben, gäben ihm aber in Zeiten der Not auch einen Freund (vgl. V. 1377 ff.). Dieser Dank an die Götter erhält dadurch besonderes Gewicht, dass er nicht dem Versmaß des Blankverses folgt, sondern freirhythmisch gesprochen ist. Als Information für die Zuschauer berichtet Iphigenie über den Fluchtplan, den sich Pylades ausgedacht hat und der ihr die Rolle zuweist, Thoas durch eine Lüge zu täuschen, um das vermeintliche Menschenopfer hinauszuzögern, sodass genügend Gelegenheit zur Flucht besteht (vgl. V. 1369 ff.). Obwohl Iphigenie dem Plan zugestimmt hat, distanziert sie sich von ihm, weil sie aus grundsätzlichen Erwägungen die Lüge für moralisch falsch einschätzt. Sie klagt:

Information über den Fluchtplan

Iphigenies Einwände gegen die Lüge

„O weh der Lüge! Sie befreit nicht,
Wie jedes andre wahr gesprochne Wort,
Die Brust"
(V. 1405 ff.).

Klage über ihre
Abhängigkeit
von Pylades

Sie beklagt sich weiterhin darüber, dass sie nicht über die Fähigkeit verfügt, jemanden zu belügen, um an ein Ziel zu gelangen, und deshalb von Pylades abhängig ist:

„Ich muss mich leiten lassen wie ein Kind.
Ich habe nicht gelernt zu hinterhalten,
Noch jemand etwas abzulisten."
(V. 1402 ff.)

Allerdings kann man in dieser Aussage auch eine positive Wertung erkennen. Iphigenie hat sich nach eigenem Bekunden eine kindliche Unschuld bewahrt oder anders ausgedrückt eine moralische Integrität, die sie daran hindert, moralisch bedenkliche Mittel zu ihrem eigenen Vorteil einzusetzen – genauso wenig wie dazu zumindest kleine Kinder in der Lage sind.

Iphigenies
Situation am
Ende des Auftritts

Iphigenies Selbstreflexion verdeutlicht ihren inneren Konflikt: Auf der einen Seite sieht sie die Chance, die Insel zu verlassen, auf der anderen Seite muss sie erkennen, dass dies offensichtlich nur möglich ist, wenn sie gegen ihre grundlegende moralische Verpflichtung der Wahrhaftigkeit verstößt.

Zweiter Auftritt: Gespräch zwischen Iphigenie und Arkas

Zweiteilung des
Gesprächs

Das zweite Gespräch zwischen Iphigenie und Arkas weist eine ähnliche Struktur auf wie das erste (vgl. Szene I, 2).

Arkas als Bote
des Königs

Arkas tritt zunächst in seiner Funktion als Bote des Königs auf. In einem unpersönlichen Befehlston (Er benutzt überwiegend Imperative.) fordert er Iphigenie auf, mit dem Opfer zu beginnen. Iphigenie hält sich an den von Pylades entworfenen Plan und berichtet Arkas von der angeblichen Entweihung des Bildes der Göttin und der dadurch bedingten Verzögerung des Opfers. Vergeblich versucht sie ihn davon abzuhalten, Thoas von diesem Umstand zu berichten.

Arkas als
Privatmann

Arkas kündigt an, dem König berichten zu wollen, und wechselt daraufhin in seine Rolle als Privatmann. Dieser Rollenwechsel wird wie im ersten Gespräch durch die Interjektion „O" als Ausdruck eines persönlichen Empfindens eingeleitet.

Arkas mahnt Iphigenie erneut, Thoas' Werben zu erhören, um ihren Einfluss, den sie auf den König genommen habe, fortzusetzen und die Menschenopfer zu verhindern:

Arkas' Mahnung

„O wende nicht von uns, was du vermagst!
Du endest leicht, was du begonnen hast"
(V. 1475 f.).

Gleichwohl hält sie sich an den mit Pylades verabredeten Plan. Sie berichtet Arkas, dass das Bild der Göttin Diana erst im Meer gereinigt werden müsse, da es durch einen mit Schuld beladenen Mann entweiht worden sei. Arkas wundert sich über dieses seltsame Ritual und will erst dem König davon berichten. Gleichzeitig erinnert er Iphigenie an Thoas' Heiratsantrag. Arkas wirft ihr vor, sich lieblos („Wer keine Neigung fühlt", V. 1497) und undankbar gegenüber Thoas zu zeigen („O wiederholtest du in deiner Seele,/Wie edel er sich gegen dich betrug/Von deiner Ankunft an bis diesen Tag.", V. 1497 ff.).

Arkas wirft
Iphigenie vor,
lieblos und
undankbar zu
sein

Durch die Auseinandersetzung mit Arkas werden Iphigenies Zweifel an der moralischen Berechtigung des Fluchtplans noch einmal verstärkt. Damit steigt auch für den Zuschauer die Spannung, wie Iphigenie sich letztlich entscheiden wird.

Funktion des
Auftritts

Dritter Auftritt: Monolog Iphigenie

Wie stark Arkas' Worte auf Iphigenie wirken, zeigt der dritte Auftritt: In einem Monolog legt sie ihren inneren Zwiespalt dar. Zunächst habe die Freude über die Wiederbegegnung mit ihrem Bruder überwogen. Iphigenie drückt das Überwältigende dieses Gefühls durch die Metapher der Flut aus. So wie die Flut die Felsen am Strand überspüle, so sei ihr Innerstes mit einem Freudenstrom bedeckt worden (vgl. V. 1506). Sie habe sich an ihre Rettung vor dem Opfertod

Iphigenies
innerer Zwiespalt

durch die Göttin Diana erinnert gefühlt, als sie in einer Wolke hinweggetragen worden sei und die Göttin sie in einen „Schlummer" eingewogen habe (vgl. V. 1513 ff.).

Beide Äußerungen lassen die Passivität Iphigenies erkennen. Sie handelt nicht aktiv, sondern über sie wird bestimmt.

Iphigenie gesteht, dass sie aus Liebe zu ihrem Bruder und um sich selbst von Tauris zu retten, unbedacht auf Pylades' Plan gehört habe (vgl. V. 1516 ff.).

Durch Arkas' Worte aber ändert sich Iphigenies Situation, wobei die Änderung durch den Wechsel vom Präteritum zum Präsens verstärkt wird. Ihr wird bewusst, dass aufgrund ihrer Flucht die Wiedereinführung der Menschenopfer droht und damit für die Taurier wieder der Rückfall in die Barbarei (vgl. V. 1522 ff.). Von besonderer Bedeutung ist ihr Ausruf: „Doppelt wird mir der Betrug/Verhasst." (V. 1525 f.)

Iphigenie sieht hier wohl, dass sie mit dem Betrug weder den Menschen auf Tauris (und damit auch nicht Thoas und Arkas) noch dem Anspruch der Götter gerecht wird.

Noch kann sich aber Iphigenie nicht zu einer Entscheidung durchringen. Durch einen Vergleich mit einem Schiff, das zum Spielball der Wellen wird (vgl. V. 1529 ff.), macht sie ihre Unentschlossenheit deutlich.

Vierter Auftritt: Auseinandersetzung zwischen Iphigenie und Pylades

Pylades berichtet Iphigenie von Orests Heilung

In dieser Situation erscheint Pylades und berichtet von Orests vollständiger Heilung und der bislang gelungenen Ausführung des Fluchtplans. Er selbst will nur noch das Bild der Göttin Diana aus dem Tempel holen, um dann von der Insel zu fliehen.

Als er erfährt, dass zunächst die Erlaubnis des Königs abgewartet werden muss, bevor das Bild aus dem Tempel geholt werden kann, gibt er Iphigenie neue Verhaltensanweisungen, um den König hinzuhalten. Fast glaubt er schon, Iphigenie überzeugt zu haben, als er ihre Zweifel bemerkt und sie fragt:

Pylades bemerkt Iphigenies Zweifel

„Was sinnest du? Auf einmal überschwebt
Ein stiller Trauerzug die freie Stirne."
(V. 1633f.)

Iphigenie eröffnet ihm daraufhin ihre Bedenken, den Mann zu betrügen, der ihr über viele Jahre auf Tauris wohlgesonnen gewesen sei („der mein zweiter Vater ward", V. 1641).

Iphigenies Bedenken gegen den Fluchtplan

In einer rasch aufeinander folgenden Wechselrede (Stichomythie) werden zwei unterschiedliche Auffassungen deutlich: Pylades plädiert für kluges Handeln, das auch einen Betrug rechtfertige: Der Betrug geschehe aus einer Notsituation heraus. Die Menschen seien nicht dazu geschaffen, nur nach rein moralischen Erwägungen zu handeln, auch seien sie nicht Richter ihres eigenen Handelns. Der Mensch habe die „erste, nächste Pflicht" (V. 1662), sein Leben zu schützen und zu bewahren.

Auseinandersetzung zwischen Iphigenie und Pylades

Pylades' Argumente für den Betrug an Thoas

- dient einem guten Zweck, da er Leben rettet
- Thoas hat sein Recht auf eine moralisch einwandfreie Behandlung verwirkt
- Iphigenie befindet sich in einer Notsituation
- in einer Welt, in der die Menschen unmoralisch handeln, kann man seine Ziele nicht durch moralisches Handeln verwirklichen
- lügt Iphigenie nicht, ist sie für den Tod von Orest und Pylades verantwortlich

Pylades hält den Betrug für moralisch gerechtfertigt

Iphigenie kann dem nichts weiter entgegensetzen als ihr Gefühl, Unrecht zu tun: „Allein mein eigen Herz ist nicht befriedigt." (V. 1648) Zudem geschehe dieses Unrecht gegen einen Mann, der ihr Gutes getan habe.

Iphigenie mit Pylades (Bayrisches Staatsschauspiel 2008)

Iphigenie scheint
überzeugt

Sie scheint aber überzeugt, als Pylades sie daran erinnert, dass es um das Leben ihres Bruders, eines Freundes und ihr eigenes Leben geht. Sie beklagt noch einmal, nicht die Standfestigkeit eines Mannes zu besitzen (vgl. V. 1677ff.), doch Pylades verweist wieder darauf, dass sie sich in einer Zwangslage befänden und sie keine Handlungsalternative habe.

Pylades hat in diesem Gespräch die eindeutig höheren Redeanteile, er ist auch derjenige, der die Gesprächsführung innehat. Dies entspricht seinem Anliegen, Iphigenie von der Notwendigkeit und Rechtfertigung des Betrugs zu überzeugen. Dadurch, dass Pylades das letzte Wort in dem Auftritt hat, scheint es so, als habe Iphigenie seinen Argumenten nichts mehr entgegenzusetzen. Die Spannung könnte sich nun mehr darauf richten, ob der Fluchtplan tatsächlich gelingt, als darauf, wie Iphigenie sich entscheiden wird.

Fünfter Auftritt: Monolog Iphigenie

Iphigenies
Verzweiflung

In einem weiteren Monolog drückt Iphigenie ihre Sorgen und Ängste im Zusammenhang mit dem Betrug an Thoas aus. Sie fürchtet, dass dieser Betrug wieder nur eine Verlängerung des Fluchs darstellen wird:

„Soll dieser Fluch denn ewig walten? Soll
Nie dieses Geschlecht mit einem neuen Segen
Sich wieder heben?"
(V. 1694 ff.)

Sie hadert mit ihrem Schicksal, dass sich auf der einen Seite die Gelegenheit zeigt, in ihre Heimat zurückzukehren, auf der anderen Seite aber diese Heimkehr nur mit einem doppelten Betrug zu erreichen ist: dem Raub des Bildes der Göttin Diana aus dem Tempel und der Lüge gegen Thoas. Ihre Verzweiflung wird so groß, dass sie befürchtet, ihr Vertrauen in die Güte der Götter zu verlieren:

Iphigenie hadert mit ihrem Schicksal

„[…] Rettet mich,
Und rettet euer Bild in meiner Seele!"
(V. 1716 f.)

Iphigenie befürchtet, ihr Vertrauen in die Güte der Götter zu verlieren

Iphigenie (Schaubühne Berlin 2009)

In dieser Situation erinnert sie sich eines Liedes ihrer Jugendzeit, in dem ein Götterbild entworfen wird, das im Gegensatz zu ihrem eigenen Götterbild steht. In dem Lied der Parzen, der drei Schicksalsgöttinnen, werden die Göt-

Iphigenie singt das Lied der Parzen

ter als furchterregend und launisch gezeichnet, die den Menschen ganz nach ihrem Willen erheben, aber auch in die Tiefe stürzen können. Selbst ganze Geschlechter könnten von den Göttern fallen gelassen werden.

Das Lied macht die Verzweiflung Iphigenies deutlich. Sie, die stets an das Gute in den Göttern und damit auch an das Gute im Menschen geglaubt hat, steht nun vor einer Situation, in der ihr droht, diesen Glauben zu verlieren. Denn sie sieht sich gezwungen, aufgrund ihrer Notlage ihre eigenen moralischen Prinzipien aufgeben zu müssen.

Dramatische Handlung am Ende des vierten Aufzugs Am Ende des vierten Aufzugs verzögert sich die Lösung des Konflikts dadurch, dass Pylades zwar einen Fluchtplan entworfen hat und Iphigenie die Gelegenheit zu bekommen scheint, nach Hause zurückzukehren, sie aber innerlich nicht davon überzeugt ist, ob der Fluchtplan ihrem moralischen Empfinden entspricht.

Die Handlung spitzt sich auf die Frage zu, ob Iphigenie sich wirklich dazu überwinden kann, Thoas die Unwahrheit zu sagen.

Fünfter Aufzug – Die Lösung des dramatischen Konflikts

Der fünfte Aufzug löst den dramatischen Konflikt, indem Iphigenie Thoas den Betrug gesteht und dieser daraufhin die drei Griechen unbehelligt in ihre Heimat fahren lässt.

Erster Auftritt: Gespräch Thoas – Arkas

Der Zuschauer erfährt, dass Arkas und Thoas die List der Griechen durchschaut haben. Thoas befiehlt Arkas, Iphigenie herbeizurufen und Orest und Pylades gefangen zu nehmen.

Arkas und Thoas durchschauen die List

Zweiter Auftritt: Monolog Thoas

In einem Monolog äußert Thoas seine Enttäuschung und seinen Zorn darüber, von Iphigenie hintergangen worden zu sein.

Thoas' Zorn und Enttäuschung

Insbesondere sich selbst beschuldigt er, sich zu nachgiebig und zu schwach gegenüber Iphigenie verhalten zu haben. Er klagt sich an, Iphigenie zu viel Freiheit gewährt zu haben, was dazu geführt habe, dass sie sich seinen Befehlen widersetzt habe (vgl. V. 1786 ff.). Hätte er sie, wie es seine Vorgänger getan hätten, härter behandelt, wäre sie froh gewesen, ihr Leben retten zu können, und hätte anstandslos die Opfer durchgeführt (vgl. V. 1789 ff.).

Thoas deutet Iphigenies Appell an seine Menschlichkeit, mit dem sie ihn überredet hat, von dem Menschenopfer abzulassen, als „Schmeichelei" (V. 1801) mit der Absicht, für sich Vorteile zu gewinnen. Da er nun aber der Schmeichelei widerstehe, greife sie zu „List und Trug" (V. 1803), wobei sie seine Güte in ihre Pläne einkalkuliere.

Thoas unterstellt Iphigenie taktisches Verhalten

In diesem Auftritt wird deutlich, wie sehr sich Thoas von seinen Emotionen und Affekten leiten lässt und Iphigenie eigennützige Motive in ihrem Handeln auf Tauris unterstellt. Indem er sich so von seinen Affekten leiten lässt, fällt

Funktion des Auftritts

er hinter die von Iphigenie in ihm erweckte Menschlichkeit zurück. Eine friedliche Lösung des Konflikts scheint damit in weite Ferne gerückt.

Dritter Auftritt: Auseinandersetzung zwischen Thoas und Iphigenie

Iphigenie hält Thoas noch hin In dem Gespräch mit Thoas eröffnet Iphigenie ihm die Wahrheit über den Betrug. Zunächst aber ist ihr Verhalten noch taktisch geprägt. Sie gibt vor, dass die Verzögerung des Opfers dem Willen der Göttin gemäß sei, die Thoas Zeit zum Überdenken seiner Handlung geben wolle. Iphigenie wirft Thoas vor, sie das Opfer durchführen zu lassen, um selbst unschuldig zu bleiben.

Auseinandersetzung um Gebote der Götter Thoas hält ihr daraufhin vor, dass es sich bei dem Menschenopfer um ein „alt[es] Gesetz" (V. 1832) handle. Dem wiederum entgegnet Iphigenie mit dem ihrer Meinung nach höher stehenden Gastrecht:

„Ein andres spricht zu mir, ein älteres,
Mich dir zu widersetzen, das Gebot,
Dem jeder Fremde heilig ist."
(V. 1835 ff.)

Thoas vermutet, dass dies nicht Iphigenies wahre Beweggründe sind, sondern dass ihr vielmehr die Fremden emotional sehr nahestehen. Iphigenie antwortet darauf mit dem Hinweis auf ihre Erfahrung, selbst einmal geopfert werden zu sollen und von den Göttern gerettet worden zu sein. Diese Wohltat müsse nun auch den Fremden zukommen. Iphigenies Vorwurf, Thoas nutze die Schwäche der Frauen aus Thoas' Mahnung, sie müsse nicht ihm gehorchen, sondern ihrem Amt als Priesterin, ist für Iphigenie nur vorgeschoben. Sie wirft ihm vor, dass er genau wisse, dass sie als Frau keine Waffen führen dürfe, und er nutze diese Schwäche aus. Als jemand, der Gewalt ausübe, müsse er damit rechnen, dass ihm mit List begegnet werde (vgl. V. 1873). Ihre einzige Möglichkeit sei aber, eine Bitte an ihn zu richten, die zu erfüllen ihm nicht schwerfallen dürfe.

Iphigenie meint damit ihre Bitte, sie in ihre Heimat zurückkehren zu lassen. Sie verstärkt ihr Anliegen noch dadurch,
dass sie die Bitte einer Frau als gewaltiger bezeichnet als
Waffengewalt (vgl. V. 1879 ff.).
Thoas scheint dem zunächst nichts mehr entgegenzusetzen zu haben. Erneut vermutet er, dass Iphigenie eine besondere Beziehung zu den Fremden habe.

Iphigenie und Thoas (Schaubühne Berlin 2009)

Hier erfolgt nun eine der wenigen Regieanweisungen, die
daher eine besondere Bedeutung hat: „IPHIGENIE *(nach
einigem Stillschweigen)*" (zwischen den Versen 1892 und
1893). Iphigenie scheint also in einem inneren Konflikt zu
sein. Sie entschließt sich dann, Thoas die volle Wahrheit zu
enthüllen. Zunächst reflektiert sie noch einmal die vermeintliche Schwäche der Frauen, keine Heldentaten mit
Waffengewalt ausführen zu können wie die Männer:

Iphigenies
Entscheidung zur
unbedingten
Wahrheit

„Hat denn zur unerhörten Tat der Mann
Allein das Recht?"
(V. 1893 f.)

Dann entschließt sie sich zu ihrer eigenen Heldentat: Sie klärt Thoas darüber auf, dass es sich bei den Fremden um ihre Verwandten handelt und dass sie einen auf Betrug beruhenden Fluchtplan geschmiedet haben. Iphigenie ist sich bewusst, dass sie ein hohes Risiko damit eingeht, muss sie doch befürchten, dass Thoas aus Zorn Orest, Pylades und sie töten lassen könnte. Sie entschließt sich dennoch zur unbedingten Wahrheit und legt damit die Lösung des Konflikts in Thoas' Verantwortung: „Verdirb uns – wenn du darfst." (V. 1936) Sie appelliert damit an Thoas' Menschlichkeit, daran, dass auch in ihm der Widerwille gegen die Lüge zu finden sei.

Thoas' Reaktion
Thoas schenkt Iphigenie allerdings zunächst keinen Glauben; wiederum vermutet er eine List. Er kann nicht glauben, dass Iphigenie, die aus dem grausamen Geschlecht der Tantaliden stamme, ihm, dem vermeintlichen Barbaren, zutraue, auf die Stimme der Wahrheit zu hören (vgl. V. 1937 ff.).

Iphigenie verweist jedoch darauf, dass jeder Mensch in der Lage sei, diese Stimme zu hören, also ein Gewissen zu haben. Schon beginnt sie zu bereuen, die Wahrheit gesagt zu haben, da sie nun sieht, dass sie Orest und Pylades dadurch in Gefahr gebracht hat. Sie bittet Thoas, zuerst getötet zu werden (vgl. V. 1944).

Thoas vermutet, dass die beiden Fremden Iphigenie getäuscht haben, um sich zu retten. Iphigenie weist dies von sich und erinnert Thoas an sein Versprechen, sie gehen zu lassen, wenn die Möglichkeit zur Heimkehr bestehe.

Thoas zeigt sich von Iphigenies Worten beeindruckt
Thoas lässt sich durch die Eindringlichkeit, mit der Iphigenie für die beiden Fremden kämpft, beeindrucken und gesteht:

„Unwillig, wie sich Feuer gegen Wasser
Im Kampfe wehrt und gischend seinen Feind
Zu tilgen sucht, so wehret sich der Zorn
In meinem Busen gegen deine Worte." (V. 1980 ff.)

Eindringlich fordert Iphigenie ihn auf, Frieden zu schließen mit ihr und den Fremden.

Am Ende des dritten Auftritts ist noch unklar, wie Thoas sich entscheiden wird.

Offenes Ende des Auftritts

Diesen Auftritt kann man als das Herzstück des Schauspiels bezeichnen, da Iphigenie sich zu der „unerhörten Tat" entschließt, Thoas die Wahrheit zu sagen. Dieser unbedingte Wahrhaftigkeitsanspruch, der keine Rücksicht auf die negativen Folgen der Handlung nimmt, macht einen wesentlichen Teil des klassischen Menschenbildes aus.

Der dritte Auftritt als Herzstück des Schauspiels

Vierter und fünfter Auftritt: Eingreifen von Orest und Pylades

Die in die Nähe gerückte Lösung des Konflikts – Thoas kämpft ja noch mit sich selbst, ob er Iphigenie gehen lassen will – droht noch einmal in Gefahr zu geraten durch den bewaffneten Auftritt von Orest, Pylades und Arkas. Doch sowohl Thoas als auch Orest befehlen ihren Gefolgsleuten, keine Kampfhandlungen auszuführen.

Die friedliche Konfliktlösung gerät in Gefahr

Sechster Auftritt: Die Lösung des Konflikts

Thoas verlangt einen Beweis für die Identität von Orest. Dieser schlägt ihm – eine im Sinne Iphigenies typisch männliche Konfliktlösung – einen Zweikampf mit dem Besten des Heeres von Thoas vor. Thoas selbst will sich diesem Zweikampf stellen, doch Iphigenie weist an untrüglichen Merkmalen nach, dass es sich bei dem Fremden wirklich um ihren Bruder Orest handelt.

Orest schlägt einen Zweikampf vor

Iphigenie weist Orests Identität nach

Für Thoas ist damit aber der Konflikt noch nicht gelöst; er wirft Orest vor, das Bild der Göttin rauben zu wollen. Er verweist darauf, dass die Griechen oft Schätze von Menschen geraubt hätten, die sie als Barbaren bezeichnen. Er warnt Orest, dass dies nicht immer glücklich ausgegangen sei:
„Doch führte sie Gewalt und List nicht immer
Mit den erlangten Gütern glücklich heim." (V. 2105 f.)

Thoas wirft Orest vor, das Bild rauben zu wollen

In diesem Moment erkennt Orest die wahre Bedeutung des Orakelspruchs: Er soll nicht das Bild der Göttin Diana, der Schwester Apolls, von Tauris mitbringen, sondern Iphigenie, seine eigene Schwester. Dann sei er von dem Fluch, der auf ihm liege, erlöst. Inständig bittet er Thoas,

auf Gewalt zu verzichten und Iphigenie mit ihm in die Heimat gehen zu lassen. Er verweist auf Iphigenies innere Werte, die bedeutender seien als die Gewalt und List der Männer (vgl. V. 2142 ff.)

Auch Iphigenie unterstützt diese Bitte, indem sie an Thoas' Edelmut appelliert:

„[...] Du hast nicht oft
Zu solcher edlen Tat Gelegenheit.
Versagen kannst du's nicht; gewähr es bald!" (V. 2148 ff.)

Thoas antwortet darauf nur mit den kargen Worten „So geht!" (V. 2151), aus denen sich nicht erkennen lässt, ob er die Enttäuschung über Iphigenies Verhalten wirklich überwunden hat. Dementsprechend gibt sich Iphigenie auch mit dieser Antwort nicht zufrieden; sie möchte in Frieden von Thoas Abschied nehmen:

„Nicht so, mein König! Ohne Segen,
In Widerwillen, scheid ich nicht von dir.
[...] Leb wohl! Und reiche mir
Zum Pfand der alten Freundschaft deine Rechte."
(V. 2152 ff.)

Wiederum antwortet Thoas nur in kurzen Worten: „Lebt wohl!" (V. 2174) Goethe hat hier keine Regieanweisung beigefügt. Die Frage, wie dieser Satz zu sprechen ist – freundlich, wütend, zerknirscht – und ob Thoas Iphigenie wirklich die Hand reicht, hat der Regisseur der Inszenierung zu entscheiden – oder aber der Leser zu beantworten.

Das Schauspiel endet insofern offen, als nicht klar wird, wie Thoas sich in Zukunft verhalten wird. Wird er auch weiterhin auf die Menschenopfer verzichten? Oder fällt er zurück in diese barbarische Sitte?

Goethe verlagert mit diesem offenen Ende die Frage nach der Überzeugungskraft von Iphigenies Appell an die Menschlichkeit – der Leser bzw. Zuschauer entscheidet.

Hintergründe

Der mythologische Kontext

Der Fluch der Tantaliden

Mythologischer Hintergrund
Für den Stoff seines Schauspiels greift Goethe auf einen antiken griechischen Mythos zurück, das Schicksal der Familie der Tantaliden.

Tantalus
Ahnvater der Tantaliden, von dem sich auch der Name ableitet, ist Tantalus. In der Überlieferung, auf die Goethe zurückgreift, ist Tantalus ein Sohn des Gottes Zeus und der Göttin Pluto. Tantalus war ein Liebling der Götter. Ihm kam die Ehre zu, an ihrer Tafel zu speisen und an ihren Gesprächen teilzunehmen. Er verriet aber die Geheimnisse der Götter an die Menschen, worüber die Götter äußerst erzürnt waren. Zeus verhängte über ihn eine Strafe, die wir heute noch als „Tantalus-Qualen" bezeichnen: Er steht in einem Teich, über ihm hängen Zweige eines Fruchtbaums mit den herrlichsten Früchten. Dennoch muss er auf ewig Hunger und Durst leiden, weil das Wasser verschwindet, wenn er sich zum Trinken bückt, und die Zweige mit den Früchten nach oben schnellen, wenn er danach greifen will. Hinzu kommt noch eine ständige Angst um sein Leben, da über ihm sich ein mächtiger Felsblock befindet, der ständig auf ihn herabzustürzen droht.

Aber nicht nur Tantalus allein wird bestraft, sondern auf seinen Nachkommen liegt ein Fluch, der sich fortsetzt bis zu Iphigenie und Orest.

Iphigenie berichtet Thoas von den Verfehlungen der Nachkommen des Tantalus.

Pelops
Pelops, der Sohn des Tantalus, heiratet Hippodameia, nachdem er ihren Vater, König Oinomaos, durch eine Hinterlist im Wagenrennen besiegt und dabei getötet hat. Hippodameia gebärt ihm zwei Söhne, Thyest und Atreus. Die

beiden Brüder bringen gemeinsam ihren Halbbruder Chrysippos um. Pelops verdächtigt Hippodameia des Mordes, woraufhin sie Selbstmord begeht.

Thyest und Atreus herrschen zunächst gemeinsam in Mykene. Dann jedoch betrügt Thyest Atreus mit dessen Frau und wird daraufhin von seinem Bruder vertrieben. Thyest hatte aber vorher schon heimlich einen Sohn von Atreus an sich genommen und ihn als seinen Sohn erzogen. Ihn wiegelt er gegen seinen vermeintlichen Onkel auf und schickt ihn nach Mykene, um ihn zu ermorden. Dieses Vorhaben wird aber aufgedeckt und Atreus lässt den vermeintlichen Sohn seines Bruders töten. Zu spät entdeckt er, dass es sich um seinen eigenen Sohn handelt. Atreus übt eine fürchterliche Rache an seinem Bruder. Zur scheinbaren Versöhnung lädt er ihn mit seinen beiden Söhnen zu sich ein, tötet aber die Söhne des Bruders und setzt sie ihm, der keine Ahnung von dem Mord hat, als Speise vor. Als Thyest nach seinen beiden Söhnen fragt, wirft ihm Atreus Kopf und Füße der Erschlagenen hin.

Atreus wird später von Ägist, einem Sohn des Thyest mit seiner Schwester Pelopia, ermordet. Thyest wird von den beiden Söhnen des Atreus, Agamemnon und Menelaos vertrieben.

Agamemnon wiederum ist der Vater von Iphigenie. Mit seiner Frau Klytaimnestra hat er drei Kinder: die beiden Töchter Elektra und Iphigenie und den Sohn Orest. Als Helena, die Frau des Menelaos, die als die schönste Frau Griechenlands gilt, von Paris entführt wird, wird Agamemnon zum Führer der Griechen bestimmt. Sie sollen Helena aus Troja befreien. Damit beginnt der Trojanische Krieg, der zehn Jahre dauern wird.

Die Abfahrt Agamemnons nach Troja verzögert sich, weil die Göttin Diana sich durch eine Äußerung von Agamemnon beleidigt fühlt und völlige Windstille verhängt. Sie fordert als Versöhnung die Opferung von Iphigenie, der Tochter Agamemnons. Dieser will das Opfer tatsächlich durchführen.

Marginalien:

Thyest und Atreus

Agamemnon

Vermeintlicher Opfertod Iphigenies

Die Göttin Diana jedoch ist schon versöhnt und entführt Iphigenie, eingehüllt in eine Wolke, nach Tauris. Agamemnon und seine Familie jedoch wähnen Iphigenie tot.

Bis hierin berichtet Iphigenie in dem dritten Auftritt des ersten Aufzugs Thoas über die Geschichte ihrer Familie. Die Ereignisse nach dem Ende des Trojanischen Kriegs kennt sie noch nicht. Sie erfährt davon erst durch ihren Bruder Orest (vgl. erster Aufzug, dritter Auftritt).

Orest

Nach der Rückkehr aus Troja wird Agamemnon von Klytaimnestra und ihrem Geliebten Ägist aus Rache für den vermeintlichen Opfertod Iphigenies umgebracht. Klytaimnestra und Ägist wiederum werden von Orest, dem Sohn Klytaimnestras, getötet. Orest wird wegen des Muttermordes von den Rachegöttinnen, den Erinnyen, verfolgt, sodass er an keinem Ort seine Ruhe findet.

Einem Orakelspruch des Gottes Apoll zufolge soll er erst dann erlöst sein, wenn er das hölzerne Bild der Göttin Diana von Tauris nach Griechenland bringt.

Der Stammbaum der Tantaliden

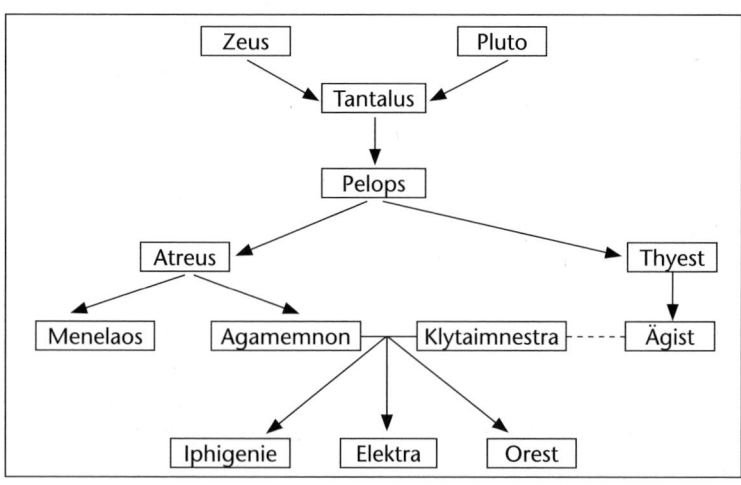

Bedeutung des Mythos

Um die Bedeutung des Mythos vom Fluch der Tantaliden zu verstehen, sollte sich der Leser bzw. Zuschauer klarmachen, was überhaupt ein Mythos ist.

Der Begriff „Mythos"

Der Begriff „Mythos" stammt aus dem Griechischen und bedeutet übersetzt: Rede, Erzählung, Geschichte.

Mythen sind alte Erzählungen, in denen sich die Menschen, die noch nicht über eine wissenschaftliche Erkenntnis der Welt verfügten, Fragen zu klären suchten, die für sie von existenzieller Bedeutung waren und noch heute sind.

Mythen als anschauliche Erklärungen

Solche Erklärungen geschahen in bildhaftem Sprechen. So stellten sich zum Beispiel die Germanen vor, dass Blitz und Donner, für sie gefährliche Ereignisse der Natur, verursacht wurden von einem Gott, den sie Donar nannten. Die Bezeichnung „Donnerstag" erinnert noch daran. Damit besaßen die Germanen eine Erklärung für das Naturphänomen.

Aber sie hatten noch etwas darüber hinaus: Sie konnten vielleicht Einfluss nehmen auf das Naturgeschehen, indem sie dem Gott Donar ein Opfer brachten und ihn so gnädig stimmten.

Einfluss auf das Naturgeschehen

Durchgeführt wurde das Opfer von Priesterinnen und Priestern, die an einer heiligen Stätte wirkten (z. B. einem Tempel) und die einen nicht unerheblichen Einfluss auf das Handeln der Machthaber hatten.

Mythen existieren in allen Kulturen der Welt. Sie erzählen von der Entstehung der Welt, der Götter, der Menschen. Sie erzählen weiterhin von Schuld und Strafe und vom Leben nach dem Tod.

Kulturübergreifende Bedeutung der Mythen

Mythen sind auch in späterer Zeit weitergegeben und von Schriftstellern immer wieder aufgegriffen worden. Darin zeigt sich, dass Mythen keine veralteten Geschichten sind, die durch die Naturwissenschaften überflüssig geworden sind. Sie sind bis heute aktuelle Deutungen des menschlichen Wesens und menschlicher Handlungen.

Bedeutung des
Tantalidenmythos

Auch der Tantalidenmythos kann als eine solche Deutung menschlichen Handels verstanden werden. Er zeigt ein sehr pessimistisches Menschenbild. Danach ist das Handeln der Menschen geprägt durch eine offensichtlich nicht abreißende Kette von unsäglicher Gewalt und Gegengewalt, ausgelöst durch Motive wie Rache, Konkurrenzdenken und Machtstreben. Was noch bedrängender scheint: Diese egoistischen Triebe sind stärker als die familiären Bande.

Schaut man sich das Weltgeschehen von heute an, so wird deutlich, dass der Mythos durchaus aktuell ist, wie bereits in der Einleitung versucht wurde zu verdeutlichen (vgl. S. 5).

Der Mythos stellt aber auch die Frage, ob es möglich ist, diese Kette der Gewalt zu durchbrechen. Der Mythos selbst sieht diese Erlösung noch in dem Ermessen der Götter.

Goethes Lebensstationen

Goethes Leben
zur Zeit der
Abfassung der
„Iphigenie"

Als Goethe 1779 damit beginnt, die erste Fassung seines Schauspiels „Iphigenie auf Tauris" niederzuschreiben, ist er – gerade 30 Jahre alt – Mitglied der Regierung des Herzogtums Sachsen-Weimar-Eisenach und engster Vertrauter des regierenden Herzogs Carl August, der sieben Jahre jünger ist als Goethe. Dies ist umso erstaunlicher, als Goethe sich nicht als Politiker, sondern als Literat einen Namen gemacht hat durch zwei Werke, die sich äußerst kritisch mit der Adels- und der bürgerlichen Gesellschaft auseinandersetzen. Sein Schauspiel „Götz von Berlichingen mit der eisernen Hand" (verfasst 1771) und der Briefroman „Die Leiden des jungen Werthers (1774) gelten als Hauptwerke einer literarischen Epoche, die man als „Sturm und Drang" bezeichnet. Die „Stürmer und Dränger" waren junge Dichter, zwischen 20 und 30 Jahre alt, die in ihren Werken lei-

denschaftlich gegen die Umstände ihrer Zeit protestierten
– gegen die Willkür von Fürsten und Adel und gegen gesellschaftliche Schranken. Wie nun aber konnte es geschehen, dass dieser Goethe Minister wird und dazu Freund
eines im Sinne des Absolutismus regierenden Herrschers?

Johann Wolfgang Goethe – das Adelsprädikat „von Goe- **Goethes Herkunft**
the" erhält er erst 1782 – wird am 28. August 1749 in
Frankfurt am Main geboren und verbringt dort seine Kind-
heit und Jugendzeit. Er wächst in einem wohlhabenden
Elternhaus auf. Sein Vater Johann Caspar Goethe ist Jurist
und kaiserlicher Rat, übt aber keine Amtsgeschäfte aus, da
er ein beträchtliches Vermögen geerbt hat. Er kümmert
sich selbst um die Erziehung seines Sohnes und engagiert
Privatlehrer, sodass der junge Goethe sechs Sprachen und
die entsprechende Literatur kennenlernt. Er beginnt damit, selbst Erzählungen und kleine Schauspiele zu verfas-
sen.

Im Alter von 17 Jahren beginnt Goethe auf Wunsch des **Jurastudium in**
Vaters ein Jurastudium in Leipzig; er selbst hätte lieber alte **Leipzig**
Sprachen und Geschichte studiert. Doch auch in Leipzig
beschäftigt er sich neben seinem Studium mit Literatur
und Kunst. Wegen einer schweren Erkrankung bricht Goe- **Abbruch des**
the sein Studium ab und kehrt 1768 in sein Elternhaus **Studiums**
nach Frankfurt zurück. Gepflegt wird er von einer Freundin
seiner Mutter, durch die er den Pietismus kennenlernt. Der
Pietismus versteht sich als eine Erneuerungsbewegung in- **Einfluss des**
nerhalb der protestantischen Kirche, die gegen das „auf- **Pietismus**
klärerische Vernünfteln" auch in der Religion das Ideal einer
subjektiven, gefühlsbetonten Frömmigkeit stellt. In dieser
Zeit reift in Goethe eine religiöse Grundhaltung, die er,
trotz aller Differenzierungen, sein Leben lang beibehält:
der Glaube an eine höhere Macht, die der menschlichen
Erkenntnis zwar nicht zugänglich ist, die aber bestimmend
ist für das Leben der Natur und des Menschen.

Fortsetzung des
Studiums in
Straßburg

1770 setzt Goethe nach einer zweijährigen Genesungszeit sein Studium in Straßburg fort. Dort lernt er durch Johann Gottfried Herder (1744–1803), den er später in Weimar wiedertreffen wird, die Dichtung Shakespeares kennen. Er begeistert sich für diese Dichtung wegen des Ausdrucks des persönlichen Gefühls in den Gedichten und der Volksnähe in den Schauspielen, die sich von überlieferten Theaterregeln und damit von der „Künstlichkeit" abwenden.

Er lernt die Pfarrerstochter Friederike Brion kennen und verliebt sich in sie. In seinem bekannten Gedicht „Willkommen und Abschied" verarbeitet er die Gefühle der Trennung von Friederike Brion.

Tätigkeit als
Rechtsanwalt in
Frankfurt

Nach Abschluss seines Studiums kehrt Goethe nach Frankfurt zurück und gründet in Zusammenarbeit mit seinem Vater eine Rechtsanwaltskanzlei. Die Beschäftigung mit den „trockenen" Rechtsfällen mag ihn aber nicht zu befriedigen. Auch das Leben in Frankfurt sagt ihm nicht zu. Er beschäftigt sich viel mit Literatur und verfasst das Schauspiel, das seinen literarischen Ruhm begründen soll: „Götz von Berlichingen mit der eisernen Hand". Ganz im Sinne Shakespeares verzichtet Goethe auf die Orientierung an der Einheit von Ort, Zeit und Handlung. Im Mittelpunkt der Handlung steht der Ritter Götz von Berlichingen, der sich durch seine Tapferkeit, Redlichkeit und Treue gegenüber dem Kaiser auszeichnet. Seine Gegenspieler sind die Fürsten, die ihr Handeln nicht an dem Gemeinwohl ausrichten, sondern ausschließlich auf ihren eigenen Vorteil bedacht und am Ausbau ihrer Macht interessiert sind.

Abfassung des
Schaupiels
„Götz von
Berlichingen"

Die Sprache ist oft derb: Als Götz' Burg belagert wird und er von den belagernden Fürsten aufgefordert wird, sich zu ergeben, antwortet er: „Mich ergeben? Auf Gnade und Ungnade! Mit wem redet Ihr! Bin ich ein Räuber? Sag deinem Hauptmann: Vor Ihro Majestät hab ich, wie immer, den schuldigen Respekt. Er aber, sag's ihm, er kann mich im Arsch lecken."

1772 geht Goethe auf Anraten seines Vaters nach Wetzlar, um dort seine juristischen Kenntnisse als Referendar am Reichskammergericht zu erweitern. Ausschlaggebend dafür, Frankfurt zu verlassen, war sicherlich auch Goethes Lösung der Verlobung mit Lili Schönemann, der Tochter eines Frankfurter Bankiers. Insbesondere fiel es Goethe schwer, sich in das Frankfurter gesellschaftliche Leben zu fügen.

Tätigkeit als Rechtsreferendar in Wetzlar

In Wetzlar verliebt sich Goethe in die 19-jährige Charlotte Buff. Die Liebe ist unglücklich, weil Charlotte bereits verlobt ist. Die Erfahrungen mit dieser unglücklichen Liebe verarbeitet Goethe in seinem Briefroman „Die Leiden des jungen Werthers", den er nach seiner Rückkehr nach Frankfurt 1774 verfasst. Der Roman wird ein großer literarischer Erfolg. Goethe ist nun eine bekannte Persönlichkeit.

Abfassung des Briefromans „Die Leiden des jungen Werthers"

Im November 1774 lernt Goethe den damaligen Erbprinzen Carl August von Sachsen-Weimar-Eisenach kennen, der sich auf einer Bildungsreise befindet, um sich auf die Übernahme des Regierungsamtes vorzubereiten, die zu seinem 18. Geburtstag im Herbst 1775 stattfinden soll. Goethe und Carl August verstehen sich auf Anhieb gut, da sie sich in ihrem Wesen ähnlich sind: sowohl interessiert an

Bekanntschaft mit dem Weimarer Erbprinz Carl August

Fragen der Kunst als auch sinnlichen Genüssen nicht abgeneigt. Carl August lädt Goethe nach Weimar ein und Goethe folgt dieser Einladung im November 1775.

Johann Wolfgang von Goethe, eine Silhouette betrachtend (Gemälde von Georg Melchior Kraus, 1775)

Übersiedlung nach Weimar: Ministertätigkeit

Goethe bleibt in Weimar und macht die Stadt bis zu seinem Tod im Jahr 1832 zu seinem Lebensmittelpunkt. Am 11. Juni 1776 wird Goethe von Carl August zum Geheimen Legationsrat berufen, er wird damit Mitglied der Regierung des Landes.

Carl August verspricht sich von der Ernennung Goethes die Mithilfe bei der schweren Regierungsarbeit – Weimar ist

Carl August von Sachsen-Weimar-Eisenach (Standbild in Weimar)

ein armes Herzogtum (s.u.) –, Goethe wiederum verspricht sich davon, die Kritik, die er bisher an der Adelsgesellschaft geübt hat, umzusetzen in die politische Praxis, um die sozialen und politischen Verhältnisse zu verbessern. Von besonderer Attraktivität ist für ihn aber das geistige Klima in Weimar. Anna Amalia, die Mutter Carl Augusts, ist den Künsten sehr aufgeschlossen. Auf ihre Initiative hin kommen viele Intellektuelle nach Weimar – auch Friedrich Schiller wird später in Weimar wohnen und eine enge Freundschaft mit Goethe schließen.

Weimar ist – wie bereits erwähnt – ein armes Herzogtum. Die landwirtschaftlichen Erzeugnisse waren gering, an industriellen Betrieben gab es allein die Strumpfmanufaktur in Apolda, die aber Not leidend war durch die allgemeine Textilkrise und die kriegerische Auseinandersetzung Preußens mit Österreich.

Goethe übernimmt viele Aufgaben: Er ist zuständig für die Bergwerkskommission – Weimar verfügte über ein stillgelegtes Silber-Kupfer-Schiefer-Bergwerk, das reaktiviert werden sollte –, für die Finanzkommission, die Wege- und Wasserbaukommission und nicht zuletzt für die Kriegskommission. Insbesondere die Übernahme der Kriegskommission bereitet Goethe Schwierigkeiten. Er leitet die Rekrutenanwerbung für den Einsatz in der preußisch-österreichischen Auseinandersetzung. Die Rekrutenanwerbung entspricht zwar einer politischen Notwendigkeit, aber nicht Goethes Verständnis der Regierungsarbeit.

Rekrutenaushebung in Apolda
(Zeichnung von Johann Wolfgang von Goethe, 1779)

Obwohl die Regierungsgeschäfte viel Zeit in Anspruch nehmen, leitet Goethe zusätzlich das Weimarer Hoftheater, das nunmehr aber nur eine provisorische Liebhaberbühne ist, da das Schloss selbst nicht lange vor Goethes Eintreffen in Weimar abgebrannt ist. Für diese Bühne schreibt er kleinere Dramen und Singspiele zur Unterhaltung der Hofgesellschaft, aber letztlich auch für die Bürger, die freien Eintritt zu den Schauspielen haben.

Leitung des Weimarer Hoftheaters

1779 erste Fassung der „Iphigenie auf Tauris"

Für dieses Theater schreibt Goethe auch 1779 die erste Fassung der „Iphigenie auf Tauris", und zwar anlässlich der Geburt der Tochter des Fürstenpaars, Luise Auguste Amalie. Am 6. April findet die Uraufführung statt, bei der Goethe selbst den Orest spielt.

Geschrieben hat Goethe das Schauspiel in nur drei Monaten, während er im Herzogtum unterwegs war, um, wie bereits erwähnt, Soldaten anzuwerben.

Goethe selbst hat der Widerspruch zwischen seiner politischen Tätigkeit auf der einen Seite und der humanen Gesinnung seiner Hauptfigur Iphigenie auf der anderen Seite sehr zu schaffen gemacht. In der politischen Realität ist er mit sozialem Elend wie etwa der Not der Strumpfwirker in Apolda konfrontiert oder eben der Rekrutenanwerbung und muss erkennen, dass seine Einflussmöglichkeiten wesentlich geringer sind, als er gedacht hat.

Die Regierungsgeschäfte verschlingen immer mehr Zeit auf Kosten seiner literarischen Tätigkeit. Hinzu kommt, dass die Verbindung zu der verheirateten Charlotte von Stein, die großen Einfluss auf Goethe hat, immer fester wird und Goethe einzuengen beginnt.

Flucht nach Italien

Im September 1786 zieht Goethe die Konsequenz aus dieser für ihn unbefriedigenden Situation: Er reist überraschend aus Weimar ab, um für unbestimmte Zeit in Italien zu leben. Der einzige Mensch, den er über diese Abreise informiert, ist Herzog Carl August, das auch nur durch einen Brief, den er erst am Vorabend seiner Abreise schreibt.

Auseinandersetzung mit der Antike

Goethe bleibt zwei Jahre in Italien. Hier widmet er sich den Interessen, für die er in Weimar zu wenig Zeit fand: der Erforschung der Natur und dem Studium der Künste, vor allem der Antike.

Die Auseinandersetzung mit der Antike, insbesondere mit der griechischen Antike, hat allerdings schon vor der Italienreise begonnen, und zwar durch das Studium der Schriften von Johann Joachim Winckelmann (1717–1768), einem zu seiner Zeit sehr bekannten Bibliothekar, Archäologen und Kunsthistoriker. In dem Verständnis von Winckelmann sind die antiken Griechen sowohl in ihren Bauwerken als auch in ihrer Lebenshaltung Vorbilder. Prägende Kennzeichnung sind die Begriffe der Harmonie der Seele, des Maßes und der Mäßigung. Dies steht im Gegensatz zur Haltung Goethes in seiner Sturm-und-Drang-Zeit.

In Italien widmet sich Goethe, fernab jeder Regierungstätigkeit, sowohl dem Studium der Natur als auch dem der Malerei, Bildhauerei und Architektur.

In seinem Gepäck hat er unter anderem das Manuskript des Schauspiels „Iphigenie auf Tauris", das er in Italien umarbeitet in die heute bekannte Fassung in Blankversen. Er hat also auch die Sprache des Schauspiels in „Maß und Mäßigung" gebracht (vgl. dazu das Kapitel „Zur sprachlichen Gestaltung des Schauspiels", S. 67ff.). *Umarbeitung der „Iphigenie" in Blankverse*

1788 kehrt Goethe nach Weimar zurück und lebt dort bis zu seinem Tod. *Rückkehr nach Weimar*

Er lässt sich von seinen politischen Ämtern beurlauben, um sich ganz der Literatur und seinen naturwissenschaftlichen Studien zu widmen.

Bald nach seiner Rückkehr verliebt er sich in die aus einfachen Verhältnissen stammende Christiane Vulpius und lebt mit ihr zusammen. Dies löst einen gesellschaftlichen Skandal aus, da die Beziehung nicht standesgemäß ist. Erst 1806 heiratet er Christiane, nachdem schon 1789 sein Sohn August geboren worden ist. Vier weitere Kinder sterben früh.

1794 beginnt die enge Freundschaft mit Schiller, die auch eine enge Zusammenarbeit im Bereich der Literatur einschließt. *Freundschaft mit Schiller*

Nach dem Tod Schillers im Jahr 1805 und seiner Frau im Jahr 1816 wird sein Leben zunehmend einsamer.

Goethe stirbt 1832 in seinem Haus in Weimar. *Goethes Tod*

Goethes Abkehr vom radikalen Subjektivismus der Sturm-und-Drang-Zeit und seine Hinwendung zum Menschenbild der Klassik

Goethes Zorn auf die politischen und gesellschaftlichen Verhältnisse

In seinen jungen Jahren ist Goethe das, was man später einmal als „angry young man" bezeichnet, ein zorniger junger Mann. Sein Zorn richtet sich gegen die gesellschaftlichen Verhältnisse, die es nicht ermöglichen, dass die Menschen frei leben. Dies bezieht sich einmal auf die politischen Verhältnisse seiner Zeit, die im Zuge des Absolutismus durch Unterdrückung des Volkes durch den herrschenden Adel gekennzeichnet sind. Er bezieht sich aber auch auf die zwischenmenschlichen Beziehungen, die durch starre gesellschaftliche Normen keinen Raum zur Entfaltung der Individualität lassen.

Diesen Zorn hat Goethe vor allem in dem Schauspiel „Götz von Berlichingen mit der eisernen Hand" und in dem Briefroman „Die Leiden des jungen Werthers" verarbeitet. Beide Hauptpersonen, Götz und Werther, können als Menschen verstanden werden, deren Handeln durch ihren Freiheitsdrang bestimmt ist. Sie rufen dazu auf, die Gesellschaft so zu ändern, dass persönliche Freiheit möglich wird.

Geniegedanke der Sturm-und-Drang-Zeit

Den Freiheitsdrang nimmt Goethe auch als Künstler in Anspruch. Er versteht sich als „Genie" in dem Sinne, dass er aus sich heraus ein Kunstwerk schafft, ohne sich um Regeln und Normen der Kunst zu kümmern.

Änderung seiner Einstellung

Von diesen Vorstellungen einer Veränderung der Gesellschaft rückt Goethe in seiner Weimarer Zeit ab. Mitentscheidend für seinen Gesinnungswandel ist sicherlich die Erfahrung als Politiker, dass sich gesellschaftliche Verhältnisse nicht einfach verändern lassen.

Aufgabe der Literatur: Menschen verbessern

Die Aufgabe der Literatur sieht Goethe nunmehr darin, den Menschen selbst zu verbessern, ihn zur Menschlichkeit zu erziehen, ihn zu sittlichem Handeln zu befähigen. Literatur, insbesondere das Theater, hat Menschen zu zeigen, deren Handlungsweise vorbildhaft ist, weil sie von einer harmonischen Geisteshaltung geprägt sind. In dem Sinne hat Goethe mit Iphigenie ein Ideal reiner Menschlichkeit geschaffen, an dem sich der Leser oder der Zuschauer in seinen Handlungen orientieren kann. Um sich ganz auf diesen menschlichen Erziehungsprozess konzentrieren zu können, hat Goethe für sein Schauspiel einen Stoff gewählt, der jenseits aller politischen Realitäten liegt.

Abkehr von der politischen Realität

Das Neue an Goethes Auffassung lässt sich durch einen Vergleich mit einer anderen literarischen Bearbeitung des Iphigenie-Stoffs, dem Drama „Iphigenie bei den Tauriern" von Euripides (ca. 412 v. Ch.), verdeutlichen. Goethe hat sich intensiv mit diesem Drama beschäftigt.

Vergleich mit der antiken Vorlage

Im Zentrum dieser Bearbeitung steht die Entführung der Statue der Göttin Diana, um Orests Mord an seiner Mutter zu sühnen. Pylades schmiedet einen Fluchtplan, der darauf beruht, Thoas zu betrügen. Dieser Fluchtplan wird von Iphigenie und Orest befolgt.

Es gelingt ihnen, mit einem Schiff von der Insel zu fliehen, sie werden aber durch ungünstige Winde wieder an Land zurückgetrieben und dort von Thoas entdeckt. Thoas gibt den Befehl, die Schiffe festzuhalten, um eine erneute Flucht zu verhindern. Da erscheint die Göttin Diana und befiehlt Thoas, die drei Griechen ziehen zu lassen, damit sie auf dem griechischen Festland einen Tempel zu Ehren der Göttin errichten können.

Diese Konfliktlösung entspricht dem antiken Menschenbild, nach dem der Mensch sich aufgehoben weiß in dem guten Wirken der Götter.

Eine solche Lösung ist für Goethe aber nicht mehr möglich. Der Mensch muss aus sich heraus, ohne Hilfe der Götter, sich zur Menschlichkeit durchringen. Dementsprechend wendet sich Iphigenie im fünften Aufzug, in dem die Kon-

Goethes Konfliktlösung: Iphigenie entscheidet in sittlicher Autonomie

fliktlösung stattfindet, nicht mehr an die Götter. Iphigenie trifft vielmehr die Entscheidung zur Wahrheit in sittlicher Autonomie. Das heißt, dass ihr Handeln nicht durch Vorgaben von außen, sei es ein staatliches Gesetz oder ein göttliches Gebot, bestimmt ist, sondern aus ihr selbst heraus.

Sittliche Autonomie, also Unabhängigkeit von äußeren Vorgaben, bedeutet nun aber nicht, dass für das Individuum eine grenzenlose Handlungsfreiheit besteht. Das Ideal der Humanität, der wahren Menschlichkeit, zu dem Goethe den Menschen erziehen will, erfüllt sich darin, dass der Mensch in seinen autonomen Entscheidungen eingebunden bleibt in seiner Verantwortung gegenüber der menschlichen Gemeinschaft und dem, was ihm seine Vernunft und sein moralisches Gefühl als Pflicht auferlegen. Ein Mensch, der diesem Ideal entspricht, kann sein Leben in fragloser Sicherheit führen, da die Harmonie, die Übereinstimmung von Vernunft und moralischem Gefühl, ihn stets das Richtige tun lässt.

Ideal der Humanität

Diesem Ideal der Humanität entspricht Iphigenie, da sie ihre subjektiven Interessen, z. B. ihren Wunsch nach Rückkehr in ihre Heimat, zurückstellt und ihr Handeln danach ausrichtet, was sie als ihre Pflicht empfindet, nämlich List und Betrug als moralisch falsche Mittel zu verwerfen und durch den unbedingten Wahrheitsanspruch zu einem wirklich menschlichen Miteinander beizutragen.

Bezug zum Gedankengut der Aufklärung

Goethes Konzeption der Figur der Iphigenie entspricht dabei durchaus den Idealen der Aufklärung, da Iphigenie ihre Entscheidung, wie oben herausgestellt, in sittlicher Autonomie fällt. Und gerade darin besteht eine zentrale Forderung der Aufklärung, dass der Mensch sich aus aller Fremdbestimmung, sei es von Staat, Kirche oder anderen Autoritäten, befreit und allein dem Gesetz der Vernunft folgt. Gleichzeitig geht die Konzeption der Figur Iphigenie über das Gedankengut der Aufklärung hinaus, da Iphigenie ihre Entscheidung nicht allein durch Argumente der Vernunft rechtfertigt (vgl. dazu V. 1405 ff.), sondern sich ebenso auf ihr moralisches Gefühl beruft. Gegen Pylades' verstandesgemäße Rhetorik, mit der er Iphigenie zu dem Betrug überreden will, führt diese die Stimme ihres Herzens an: „Allein mein eigen Herz ist nicht befriedigt. [...] Ich untersuche nicht, ich fühle nur." (V. 1648 ff.)

Iphigenie wird somit zu einem Vorbild, da sie aus sich heraus und in Übereinstimmung von Vernunft und Gefühl die Entscheidung zur Wahrheit trifft.

Goethes Begriff der „Humanität"

Wörtlich übersetzt bedeutet der Begriff „Humanität" Menschlichkeit. Der Begriff „Humanität" (Menschlichkeit) jedoch ist mehrdeutig. So sprechen wir zum einen von „menschlichen Schwächen", Schwächen also, die uns als fehlerhafte, unvollkommene Wesen kennzeichnen. Zum anderen sprechen wir von „humanitären" Hilfsaktionen, die wir durchführen, weil wir es als unsere Pflicht ansehen, anderen Menschen in der Not zu helfen. „Menschlichkeit" erscheint hier als eine Tugend, als eine moralisch wertvolle Eigenschaft.

Wörtliche Übersetzung

Mehrdeutigkeit des Begriffs „Humanität"

Der philosophische Begriff der Humanität nimmt beide Bedeutungsrichtungen auf. Er geht davon aus, dass wir als Menschen die Anlagen zur Humanität im Sinne der moralisch wertvollen Eigenschaft in uns tragen, dass diese Anlagen aber erst ausgebildet werden müssen. Der Mensch muss nach dieser Vorstellung einen „Bildungsprozess" durchlaufen, um sich einer Idealvorstellung des Menschseins zu nähern.

Philosophischer Begriff der Humanität

Dieser Begriff der Humanität, wie er zur Zeit der Klassik verstanden wurde, ist wesentlich geprägt von Johann Gottfried Herder (1744–1803), der ebenso wie Goethe in Wei-

Herders Einfluss auf Goethe

mar gelebt hat und der einen großen Einfluss auf das Denken Goethes hatte.

Herders Verständnis des Begriffs „Humanität"

Für Herder ist das Erreichen der Humanität das höchste Ziel, das uns als Menschen von der Natur aufgegeben ist. Er bezeichnet es sogar als das „Göttliche" in uns. Allerdings sind wir Menschen eben keine Engel – im Gegenteil: Wenn unser Denken nicht von dem „Schatz" der Humanität geprägt ist, werden wir uns selbst zu „Plagegeistern" und laufen Gefahr, „zur rohen Tierheit, zur Brutalität" hinabzusinken.

Da aber Humanität eben nur als Anlage in uns ist, bedarf es der Erziehung durch „edle" Menschen. Herder denkt hier vor allem an Philosophen, Dichter und Künstler, die den Menschen zur Humanität bilden sollen.

Goethes Schauspiel als Beitrag zum Bildungsprozess

Goethes Schauspiel „Iphigenie auf Tauris" kann als ein Beitrag zu einem solchen Bildungsprozess verstanden werden. Am Beispiel des Verhaltens von Iphigenie können die Zuschauer lernen, was wahrhaft menschliches Verhalten kennzeichnet.

Goethes Gedicht „Das Göttliche"

Goethe hat diesem Gedanken auch in einem Gedicht Ausdruck gegeben, das er „Das Göttliche" genannt hat. Es stammt aus dem Jahr 1783, also aus dem Umkreis der Entstehung der „Iphigenie auf Tauris".

Die ersten beiden Strophen lauten folgendermaßen:

„Edel sei der Mensch,
Hilfreich und gut!
Denn das allein
Unterscheidet ihn von allen Wesen,
Die wir kennen.

Heil den unbekannten
Höhern Wesen,
Die wir ahnen!
Ihnen gleiche der Mensch;
Sein Beispiel lehr uns
Jene glauben."

Die erste Strophe beginnt mit einem Appell an den Menschen, „edel", „hilfreich und gut" zu sein. Dies seien die Eigenschaften, die den Menschen von allen anderen Lebewesen unterscheiden. Goethe stellt also für den Menschen eine Sonderstellung im Reich der Natur fest, da er über ein moralisches Bewusstsein verfügt, also über das Wissen, was „gut" und was „böse" ist.

Deutung der ersten beiden Strophen

In der zweiten Strophe wendet sich der Sprecher des Gedichts den Göttern zu, hier bezeichnet als die „Höhern Wesen". Von ihnen haben wir keine unmittelbare Erkenntnis; modern gesprochen: Wir können sie nicht empirisch wahrnehmen, sie nicht sehen oder hören.

Aber wir haben uns eine Vorstellung von ihnen gemacht, eine „Ahnung". Diese Ahnung wiederum, so legt das Gedicht nahe, ist wesentlich geprägt durch das Bild, das wir uns von Menschen machen, die gut handeln. Der Mensch, so lautet der Appell der zweiten Strophe, soll gut handeln, damit durch sein Vorbild ein Bild der Götter entsteht, das glaubenswert ist.

Die Strophen drei bis sechs seien hier nur kurz erwähnt. In ihnen wendet sich Goethe ab von seinen religiösen Vorstellungen der Sturm-und-Drang-Zeit, nach der das Göttliche überall in der Natur zu finden sei: In der Natur ist kein Vorbild für das Göttliche zu finden:

Deutung der letzten Strophen

„Denn unfühlend
Ist die Natur:
Es leuchtet die Sonne
Über Bös' und Gute,
Und dem Verbrecher
Glänzen wie dem Besten
Der Mond und die Sterne.

Wind und Ströme,
Donner und Hagel
Rauschen ihren Weg

Und ergreifen
Vorüber eilend
Einen um den andern.

Auch so das Glück
Tappt unter die Menge,
Fasst bald des Knaben
Lockige Unschuld,
Bald auch den kahlen
Schuldigen Scheitel.

Nach ewigen, ehrnen,
Großen Gesetzen
Müssen wir alle
Unseres Daseins
Kreise vollenden."

Die Natur macht keinen Unterschied zwischen guten und bösen Menschen, ihr Walten ist vielmehr willkürlich. Sie achtet in ihrem Vorgehen nicht auf die moralischen Verdienste oder die Schuld von Menschen.

Auch das Glück, hier verstanden im Sinne von „fortuna", also dem, was einem durch Zufall zukommt, verteilt sich wahllos auf die Menschen.

In der sechsten Strophe fasst der Sprecher des Gedichts die Gedanken der vorhergehenden Strophen zusammen: Als Naturwesen unterliegt der Mensch den Gesetzen der Natur, die er nicht zu ändern vermag. Er ist eingebunden in den Kreislauf von Leben und Sterben, Werden und Vergehen, ohne sein Schicksal ändern zu können.

Im dritten Teil des Gedichts kommt der Sprecher zurück zu der Sonderstellung des Menschen:

„Nur allein der Mensch
Vermag das Unmögliche:
Er unterscheidet,

Wählet und richtet;
Er kann dem Augenblick
Dauer verleihen.

Er allein darf
Den Guten belohnen,
Den Bösen strafen,
Heilen und retten,
Alles Irrende, Schweifende
Nützlich verbinden.

Und wir verehren
Die Unsterblichen,
Als wären sie Menschen,
Täten im Großen,
Was der Beste im Kleinen
Tut oder möchte.

Der edle Mensch
Sei hilfreich und gut!
Unermüdet schaff er
Das Nützliche, Rechte,
Sei uns ein Vorbild
Jener geahnten Wesen!"

Der Mensch, so der Sprecher des Gedichts in Strophe sieben, hat eine Fähigkeit, die die Natur außer uns nicht kennt: Er kann Prinzipien erschaffen, die ihn unterscheiden lassen zwischen Gut und Böse. Er kann seine Handlungen in freier Wahl bestimmen und er kann seine Handlungen beurteilen.

In der achten Strophe konkretisiert nun der Sprecher seine vorangegangenen Gedanken. Der Mensch darf das Recht für sich in Anspruch nehmen, die Guten zu belohnen und das Böse zu bestrafen. Damit ist nicht der (straf-)rechtliche Aspekt gemeint, sondern der moralische Aspekt.

Im letzten Teil des Gedichts wendet sich der Sprecher wieder dem Verhältnis der Götter zu den Menschen zu.

Dabei wird in Strophe neun das allgemeine Verständnis dieses Verhältnisses beschrieben: Die Menschen verehren die Götter, weil ihnen deren Handeln als Vorbild dient: „[...] Als wären sie Menschen,/Täten im Großen,/Was der Beste im Kleinen/Tut oder möchte." Das Göttliche besteht also in einer Projektion des moralisch guten Handelns auf die göttlichen Wesen.

Die letzte Strophe zieht nun die Konsequenz aus dem vorangegangenen Gedanken: Der Sprecher appelliert an den Menschen, sittlich zu handeln. Wenn die Vorstellung, die wir uns von den Göttern machen, als ein Abbild des moralisch gut handelnden Menschen verstanden werden kann, dann kann diese Vorstellung wiederum nur Bestand haben, wenn Menschen moralisch gut handeln. Ohne das Beispiel des nach ethischen Werten handelnden Menschen ist letztlich kein Glaube an ein göttliches Wesen möglich. Dann aber wäre die Welt eine gottlose Welt, in der allein die „blinde" Natur herrscht.

Wahl des Titels „Das Göttliche" Goethes Wahl des Titels für das Gedicht „Das Göttliche" ist konsequent: Nicht die Götter sind Vorbilder für unser Verhalten, sondern umgekehrt: Der moralisch handelnde Mensch soll das Bild des Göttlichen, das wir nur ahnen können, bestimmen.

Und jetzt wird auch verständlich, was Herder meint, wenn er davon spricht, dass Humanität das Göttliche in uns Menschen sei: Das Göttliche in uns ist die Fähigkeit, aus freiem Willen moralisch gut zu handeln.

Entstehungsgeschichte des Schauspiels „Iphigenie auf Tauris"

Aufgrund Goethes eigener Aufzeichnungen ist die Entstehungsgeschichte des Schauspiels, die von 1779 bis 1787 reicht, gut dokumentiert.

Am 14. Februar 1779 findet sich eine erste Erwähnung des Schauspiels, das anlässlich der Geburt der Fürstentochter Luise Auguste Amalie aufgeführt werden soll. Am 28. März 1779 notiert Goethe: „Abends: ,Iphigenie' geendigt."[1] Bereits am 6. April findet die Aufführung statt, in der Goethe selbst die Rolle des Orest spielt.

Erste Aufführung am 6. April 1779

Goethe in der Rolle als Orest (Gemälde von Georg Melchior Kraus, 1779)

---

[1] Zitiert nach: Erläuterungen und Dokumente: Johann Wolfgang von Goethe, Iphigenie auf Tauris, hrsg. von J. Angst und F. Hackert, Reclam, Stuttgart 1969, S. 44

Man könnte also das Schauspiel „Iphigenie auf Tauris" als eine Auftragsarbeit bezeichnen. Goethe ist Leiter der Liebhaberbühne am Weimarer Hof und hat schon häufiger für Festtage kleine Singspiele verfasst. Mit der Bezeichnung „Auftragsarbeit" wird man aber dem Anspruch, den Goethe selbst an das Schauspiel stellte, nicht gerecht. Der Stoff hat ihn sehr intensiv beschäftigt und die „Iphigenie" steht am Anfang einer neuen Schaffensperiode Goethes, die man später als „Weimarer Klassik" bezeichnet. In dieser Schaffensperiode entwickelt er ein Menschenideal, das sich

Harmoniegedanke

erheblich von dem seiner früheren Werke absetzt: Es geht um die Ausbildung einer völligen Harmonie der inneren Kräfte des Menschen, die Harmonie von Sinnlichkeit und Verstand, von Gefühl und Vernunft.

Wie schwer es Goethe gefallen ist, zusätzlich oder besser im Gegensatz zu seinen beruflichen Verpflichtungen als Minister an seinem Schauspiel zu arbeiten, kann man ermessen, wenn man sich seine Tätigkeiten vor Augen führt: Er ist dafür zuständig, neue Soldaten anzuwerben – ein Vorgang, der nicht selten auch mit dem Einsatz von Gewalt verbunden war und damit einen großen Gegensatz zu der humanen Gesinnung seines Schauspiels bildet. Und er will das Los der Not leidenden Textilarbeiter in Apolda, einer Stadt im Herzogtum Weimar, lindern.

Berühmt geworden ist seine briefliche Äußerung an Charlotte von Stein vom 6. März 1779 – Goethe befindet sich gerade auf einer Dienstreise nach Apolda –, die den Kontrast der Arbeit an dem Schauspiel zu seiner politischen Arbeit verdeutlicht: „Hier will das Drama gar nicht fort, es ist verflucht, der König von Tauris soll reden, als wenn kein Strumpfwürker in Apolde hungerte."[1]

Obwohl die erste Aufführung des Schaupiels bei Hofe gut ankommt – Goethe notiert: „‚Iphigenie' gespielt. Gar gute

---

[1] ebd., S. 43

Wirkung davon, besonders auf reine Menschen."[1] –, ist Goethe noch nicht zufrieden, vor allem nicht mit der Sprache, die in der ersten Fassung noch nicht in rhythmitisierter Form vorliegt: „Meine ‚Iphigenie' mag ich nicht gern, wie sie jetzt ist, nochmals abschreiben lassen und unter die Leute geben, weil ich beschäftigt bin, ihr noch mehr Harmonie im Stil zu verschaffen [...]."[2] (am 13. Oktober 1780) Goethe verfasst eine zweite Prosafassung, die ihn aber auch noch nicht zufriedenstellt.

Vor allem unter dem Einfluss von Johann Gottfried Herder beginnt Goethe 1786 mit der Umarbeitung der „Iphigenie" in die heute bekannte Versform, den Blankvers (siehe dazu das Kapitel „Zur sprachlichen Gestaltung des Schauspiels", S. 67 ff.). Er nimmt das Schauspiel mit auf seine Reise durch Italien. Am 13. Januar 1787 schreibt er aus Rom an Herder: „Möge es [das Schauspiel] Dir nun harmonischer entgegenkommen. Lies es zuerst als ein ganz Neues, ohne Vergleichung, dann halt es mit dem Alten zusammen, wenn Du willst. Vorzüglich bitt' ich Dich, hier und da dem Wortklange nachzuhelfen."[3]

Mehrfache Überarbeitung des Schauspiels

1802 findet in Weimar die erste Aufführung der neuen Fassung statt, allerdings in einer von Schiller, der die Leitung der Aufführung übernommen hatte, gekürzten Fassung. Sie ist nicht erhalten.

Dramenkonzeption

„Hier sitz ich, forme Menschen
Nach meinem Bilde."
So formuliert der junge Goethe, der Goethe der Sturm-und-Drang-Zeit, in seinem Gedicht „Prometheus". Bezogen auf die Dichtung heißt das, dass der junge Goethe sich

Genie-Kult der Sturm-und-Drang-Zeit

---

[1] ebd., S. 45   [2] ebd.   [3] ebd., S. 51

nicht an althergebrachte Regeln halten will, sondern aus sich heraus, nach seinen eigenen Gesetzen – so wie es der Genie-Kult der Sturm-und-Drang-Zeit will.

Abkehr vom Sturm-und-Drang

Mit den Erfahrungen, die seine verantwortliche Tätigkeit als Minister mit sich bringen, und unter dem Einfluss der älteren und besonneneren Charlotte von Stein, der engsten Vertrauten Goethes in Weimar, beginnt Goethe, sich von den Lebensmaximen und auch von der Kunstvorstellung seiner ersten Schaffensperiode abzuwenden und das zu entwickeln, was man später als „Weimarer Klassik" bezeichnet. Nicht mehr der Künstler als rebellisches Genie steht im Mittelpunkt, sondern der nach Ausgleich suchende Künstler,

Glaube an höhere Ordnung und Harmonie

der an eine höhere Ordnung und Harmonie glaubt. Durch Maß und Gesetz und eben nicht durch übersteigerte Subjektivität soll ein vollendet Schönes erschaffen werden. Die Schönheit der Form gilt als die Vermittlerin der Wahrheit.

Für die Konzeption seines Schauspiels „Iphigenie auf Tauris" bedeutet das, dass er sich an die Regeln für die Abfassung von Schauspielen hält, wie sie in der auf den griechi-

Bezug auf aristotelische Dramentheorie

schen Philosophen Aristoteles zurückgehenden Dramentheorie formuliert wurden.

Zunächst hält sich Goethe an die von Aristoteles geforderte

Einheit von Ort, Zeit und Handlung

Einheit von Ort, Zeit und Handlung.

Die Handlung spielt an *einem* Ort, vor dem Tempel der Göttin Diana, und sie verläuft kontinuierlich, d.h. ohne größere Zeit- und Handlungssprünge. Besonders deutlich wird das, wenn eine Person den Auftritt einer anderen Person ankündigt: „Erfahr's von ihm. Ich seh den König kommen" (V. 210). Zur Kontinuität des Handlungsverlaufs gehört auch die Konzentration auf einen Handlungsstrang (Einheit der Handlung). Es gibt – anders als etwa im Roman – keine Nebenhandlung.

Idealtypischer Aufbau des klassischen Dramas

Der Aufbau der Handlung sollte Aristoteles zufolge folgerichtig sein und inhaltlich einem roten Faden folgen. Der Schriftsteller und Literaturwissenschaftler Gustav Freytag

(1816–1895) veranschaulichte 1863 in Form einer Pyramide, wie sich idealtypisch die fünf Elemente der Handlung eines Schauspiels, verteilt auf die fünf Akte, verteilen sollten.

Akteinteilung des Dramas nach Gustav Freytag

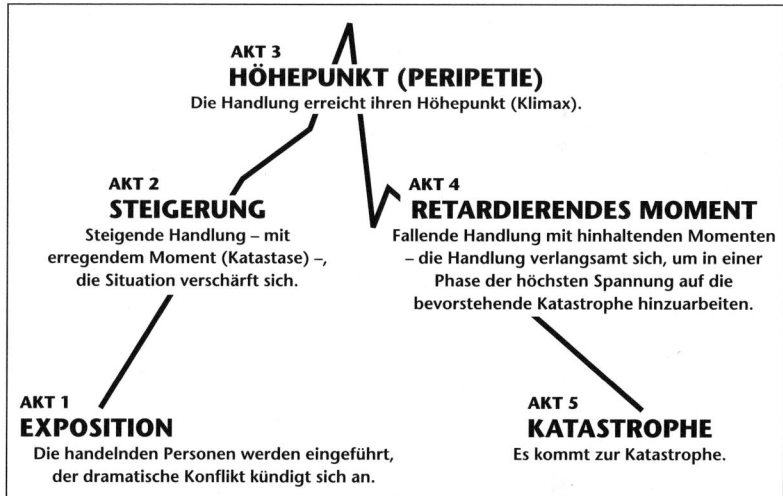

AKT 3
HÖHEPUNKT (PERIPETIE)
Die Handlung erreicht ihren Höhepunkt (Klimax).

AKT 2
STEIGERUNG
Steigende Handlung – mit erregendem Moment (Katastase) –, die Situation verschärft sich.

AKT 4
RETARDIERENDES MOMENT
Fallende Handlung mit hinhaltenden Momenten – die Handlung verlangsamt sich, um in einer Phase der höchsten Spannung auf die bevorstehende Katastrophe hinzuarbeiten.

AKT 1
EXPOSITION
Die handelnden Personen werden eingeführt, der dramatische Konflikt kündigt sich an.

AKT 5
KATASTROPHE
Es kommt zur Katastrophe.

Allerdings muss hier gleich einschränkend angemerkt werden, dass sich Goethe nicht in Gänze an das Schema hält. So erstreckt sich die Handlungsexposition, also die Einführung der Zuschauer in Ort, Zeit, Handlung und die Vorstellung der wichtigsten Figuren noch auf den zweiten Akt (Aufzug), da dort zum ersten Mal Orest und Pylades auftreten. Die Handlungssteigerung beginnt bereits im ersten Akt (Aufzug) mit Thoas' Befehl an Iphigenie, die Opferung der Fremden wieder einzuführen.

Der Höhe- bzw. Wendepunkt der Handlung liegt im dritten Akt (Aufzug). Goethe folgt hier der aristotelischen Dramentheorie ganz besonders, da der Höhepunkt durch eine Wiedererkennungsszene (hier zwischen Iphigenie und Orest) eingeleitet wird. Für Iphigenie bietet sich nun auf der einen

Seite die Chance, die Insel zu verlassen, gleichzeitig verschärft sich die dramatische Lage dadurch, dass es ihr Bruder ist, den sie auf Thoas' Geheiß töten soll.

Im vierten Akt (Aufzug) wird die sich anbahnende Lösung noch einmal dadurch verzögert, dass Thoas Iphigenie zur Rede stellt, weil sie die Opferung aufgeschoben hat (retardierendes Element).

Im fünften Akt (Aufzug) folgt dann die Lösung des Konflikts. Zu beachten ist allerdings, dass es am Ende von Goethes Schauspiel nicht zur Katastrophe mit dem Untergang des Helden kommt. Goethes Schauspiel ist also keine Tragödie. Erst recht handelt es sich nicht um eine Komödie, da hierfür wesentliche Elemente fehlen (z. B. das komische Verwechslungsspiel von Personen). Goethe selbst hat sein Stück „Ein Schauspiel" genannt, also ohne weitere Spezifikationen.

Ständeklausel Weiterhin gehört zur aristotelischen Dramentheorie die sogenannte „Ständeklausel", der zufolge als Personen für ein dramatisches Schauspiel nur die höheren Stände vorgesehen waren, während das Schicksal des einfachen Volkes den Stoff für Komödien und derbe Schwänke abgeben sollte. Die Ständeklausel gilt auch für Goethes Schauspiel, da alle Personen sich im Bereich von Fürsten- oder Königsgeschlechtern bewegen.

Sprache Die Ständeklausel bedingt, dass die Figuren in einer stilisierten Hochsprache sprechen. Goethe hat viel Mühe darauf verwendet, die erste in Prosasprache verfasste Version der „Iphigenie auf Tauris" umzuarbeiten in den fünfhebigen Jambus (Blankvers) (Näheres zur Sprache des Schauspiels s. S. 67 ff.).

Zur sprachlichen Gestaltung des Schauspiels

Auffälligstes Mittel der sprachlichen Gestaltung ist die Umarbeitung der ursprünglichen Prosafassung in den fünfhebigen Jambus, den sogenannten Blankvers (der Begriff bedeutet „Vers ohne Reim"). Ein Vergleich von Prosafassung und rhythmisierter Sprache macht die Umarbeitung deutlich.

Umarbeitung der Prosafassung

Prosafassung:
Iphigenie: Heraus in eure Schatten, ewig rege Wipfel des heiligen Hains, hinein ins Heiligtum der Göttin, der ich diene, tret' ich mit immer neuem Schauer und meine Seele gewöhnt sich nicht hierher.

Versfassung:
IPHIGENIE: He**raus** in **eu**re **Schat**ten, **re**ge **Wip**fel
Des **alten**, **heil**'gen, **dicht** belaub**ten Hain**es,
Wie **in** der **Göttin stil**les **Hei**ligtum,
Tret **ich** noch **jetzt** mit **schau**dern**dem** Gefühl,
Als **wenn** ich **sie** zum **ersten Mal** beträte,
Und **es** gewöhnt sich **nicht** mein **Geist** hierher.[1] (V. 1 ff.)

Vergleich Prosafassung – rhythmisierte Fassung

Die Umarbeitung macht den Neuanfang in Goethes künstlerischem Schaffen deutlich: Entsprachen die ungebundene Sprache in dem Schauspiel „Götz von Berlichingen" oder die freien Rhythmen in Goethes Gedicht „Prometheus" dem Freiheitsdrang der Sturm-und-Drang-Zeit und dem Geniegedanken, so wird jetzt die Sprache – wie auch das Handeln des Menschen – eingebunden in Maß und Ordnung. Die Schönheit der Sprache steht im Zusammenhang mit der Schönheit der Wahrheit. Zu der inneren Harmonie zwischen dem Herzen und der Vernunft, die Iphigenie kennzeichnet, gehört auch die Harmonie der Sprache.

Neuanfang im künstlerischen Schaffen

Schönheit der Sprache und Schönheit der Wahrheit

---

[1] Die fett gedruckten Silben kennzeichnen die Betonung.

Vielleicht wird der Zusammenhang noch deutlicher, wenn man bedenkt, dass Thoas, der aus griechischer Sicht eigentlich ein Barbar ist, ebenfalls einen hohen Sprachstil pflegt, d. h., in Blankversen spricht. Eine Untersuchung der Figur Thoas zeigt (vgl. hierzu die Seiten 82 ff.), dass auch in ihm der Keim der Humanität angelegt ist. Die Sprache ist ein Anzeichen für diesen Keim. Wer so spricht wie Thoas – so mag man folgern – kann nicht durch und durch Barbar sein, der muss den Keim der Humanität in sich tragen.

Sprache als Anzeichen für die Humanität

Die weitgehend konsequente Nutzung des Blankverses macht es Goethe möglich, durch Ausnahmen, d. h. durch einen metrischen Wechsel, auf bedeutsame Stellen hinzuweisen. Eine solche Abweichung findet sich z. B. in den Versen 1080 f.: Der zweite Teil von Orests Ausruf „[...] zwischen uns/Sei Wahrheit" füllt allein einen Vers, der Vers ist also gegenüber dem Blankvers unvollständig. Inhaltlich bedeutsam ist die Stelle, weil hier der Wechsel von der taktischen Verstellung zur Wahrheit stattfindet, Iphigenies Entscheidung zur Wahrheit hier also schon vorweggenommen wird.

Ausnahmen des Blankverses

Eine andere metrische Form trägt das Parzenlied. Durch die Reduktion des Metrums auf zwei Hebungen erhält das Lied gegenüber dem eher leichtfüßigen Blankvers einen schweren, fast hämmernden Rhythmus, passend zu dem düsteren Inhalt. Nimmt man noch die Strophenform hinzu, dann bildet das Parzenlied eine in sich geschlossene, metrisch nicht in das Schauspiel integrierte Form. Dies korrespondiert auch mit dem Inhalt des Liedes. Iphigenie lehnt das Götterbild des Parzenliedes ab. So bleibt es auch inhaltlich isoliert.

Metrische Form: Parzenlied ...

Eine metrische Abweichung findet sich nicht zuletzt am Ende des Schauspiels. Die letzten Worte werden von Thoas gesprochen: „Lebt wohl!" Zunächst wird das Versmaß des Blankverses durchbrochen, da beide Wörter mit Betonung gesprochen werden. Weiterhin ist der Vers gegenüber dem

... Ende des Schauspiels

Blankvers unvollständig. Dies entspricht der angesprochenen Offenheit des Schlusses. Thoas verstummt. Seine Gefühle bleiben im Unklaren.

Ein weiteres für die Klassik charakteristisches Stilmittel ist die Stichomythie. Man versteht darunter die zeilenweise Rede und Gegenrede im Drama.

Stichomythie

> PYLADES: Der deinen Bruder schlachtet, dem entfliehst du.
> IPHIGENIE: Er ist derselbe, der mir Gutes tat.
> PYLADES: Das ist nicht Undank, was die Not gebeut.
> IPHIGENIE: Es bleibt wohl Undank; nur die Not entschuldigt.
> (V. 1643 ff.)

Die Stichomythie ist einerseits Ausdruck einer erregten Auseinandersetzung, in der Dialogpartner Position gegen Position setzen. Sie ist zum anderen aber auch Ausdruck eines gleichberechtigten Diskurses, in dem die Gesprächspartner mit Worten um die Wahrheit ringen.

Ein weiteres Merkmal der sprachlichen Gestaltung im klassischen Drama ist die Neigung zu sentenzhaftem Sprechen. Eine Sentenz ist eine knapp und treffend formulierte Erkenntnis, ein Denkspruch. Goethes und Schillers Werke sind übervoll an Sentenzen, die zum Volksgut geworden sind. Auch im Schauspiel „Iphigenie auf Tauris" finden sich sentenzhafte Aussagen: „Ich rechte mit den Göttern nicht; allein/Der Frauen Zustand ist beklagenswert" (V. 23 f.) oder „Ein edler Mann wird durch ein gutes Wort/Der Frauen weit geführt" (V. 213 f.).

Sentenzhaftes Sprechen

Die Wirkung bestimmter Aussagen wird immer wieder von rhetorischen Mitteln unterstützt wie Metaphern, Vergleichen, rhetorischen Fragen, Antithesen u. a. Exemplarisch sei hier auf die Metapher der „Welle" verwiesen, die in ihrem Auf und Ab die Unstetigkeit, Unsicherheit verdeutlicht. So sagt Iphigenie zu sich selbst:

Rhetorische Mittel

„[…] Wieder eingeschifft,
Ergreifen dich die Wellen schaukelnd, trüb
Und bang verkennst du die Welt und dich."
(V. 1529 ff.)

Der Ort der „Iphigenie" in der Dramengeschichte

Höhepunkt und Endpunkt des idealistischen Theaters

Goethes Schauspiel gilt als Höhepunkt und in gewisser Weise auch als Endpunkt der idealistischen Theatervorstellung. Von Idealismus spricht man deshalb, weil ihm die Vorstellung zugrunde liegt, dass das Handeln des Menschen von seinem Geist bestimmt ist und nicht etwa von den konkreten gesellschaftlichen Bedingungen. Der Idealismus bildet also einen Gegensatz zu dem Materialismus. Goethes Schauspiel steht in einer Traditionslinie mit Lessings Werken „Nathan der Weise" und „Emilia Galotti". Sowohl Lessing als auch Goethe vertreten die Auffassung, dass eine Verbesserung der menschlichen Lebensverhältnisse nicht von der Änderung der gesellschaftlichen Verhältnisse, sondern von einer moralischen Verbesserung des Menschen ausgehen muss, wozu Literatur und insbesondere das Theater wegen seiner unmittelbaren Wirkung auf den Zuschauer einen Beitrag zu leisten haben.

Der Gedanke der Verbesserung der menschlichen Lebensverhältnisse wird auch in der Nachfolgezeit Goethes im Mittelpunkt stehen. Aber die Dramatiker suchen nach anderen Lösungen, als die von Goethe vorgeschlagene der moralischen Verbesserung des Menschen. Sie entwickeln Gegenpositionen, sowohl den Inhalt als auch die künstlerische Form betreffend.

1836 verfasst Georg Büchner das Drama „Woyzeck", in dem er aufzeigt, dass der Mensch wesentlich von gesellschaftlichen Verhältnissen bestimmt wird und ein auto-

nomes moralisches Handeln in einem System der Unterdrückung gar nicht möglich ist. Diesen Vorgang der Deter-
mination will er so realistisch wie möglich darstellen. Realismus
Konsequenterweise orientiert er sich nicht mehr an den
aristotelischen Normen des Theaters, sondern entwickelt
eine Dramenform, die man als „offenes Drama" bezeichnet. Er verzichtet auf die Ständeklausel, bei ihm treten Vertreter des einfachen Volks auf, die ihre Sprache und keine
Kunstsprache sprechen. Diese von Büchner entwickelte
Dramenform ist für die nachfolgende Zeit bis heute sehr
bestimmend geworden. 1941 schreibt der Schriftsteller
Bertolt Brecht das Schauspiel „Der gute Mensch von Sezu-
an". In diesem Schauspiel thematisiert er die Frage, ob es Episches Theater
innerhalb eines kapitalistischen, auf Eigennutz ausgerichte-
ten politischen Systems überhaupt möglich ist, humane
Werte wie Barmherzigkeit, Güte, Solidarität zu verwirklichen. Seine Hauptfigur Shen-Te versucht es und scheitert.
Ein versöhnlicher Schluss, wie Goethes Schauspiel ihn wohl
voraussetzt, ist für Brecht nicht möglich, aber er fordert
den Zuschauer auf, einen solchen Schluss zu suchen: „Ver-
ehrtes Publikum, los, such dir selbst den Schluß".
Brechts Theaterstück möchte auch erziehend wirken, aber
nicht durch Zeigen einer vorbildlichen Handlung, sondern
dadurch, dass der Zuschauer die Handlungsweisen der Figuren kritisch reflektiert. Deshalb wird die Handlung auch
immer wieder unterbrochen und der Zuschauer zum
Nachdenken aufgefordert.

Wirkung und Rezeption des Schauspiels

Im Verlaufe der Wirkungsgeschichte des Schauspiels
„Iphigenie auf Tauris" haben sich zwei grundlegend ver-

Zwei Interpretationslinien
1. Das Schauspiel als „Evangelium des deutschen Humanismus"

schiedene Interpretationslinien herauskristallisiert. In der Literaturwissenschaft des 19. Jahrhunderts und zum Teil auch noch im 20. Jahrhundert gilt das Schauspiel „Iphigenie auf Tauris" als Höhepunkt der deutschen Klassik, als ein „Evangelium des deutschen Humanismus", wie es der Literaturwissenschaftler Friedrich Gundolf Anfang des 20. Jahrhunderts formuliert. In der Weise ist das Schauspiel auch in der Schule besprochen worden. Man sah in Iphigenies Handeln ein Musterbeispiel für Humanität und sittliche Freiheit des Menschen. Auch die Darstellung auf der Bühne folgte lange Zeit dieser Interpretationslinie.

Exemplarisch hierfür mag das Schlussbild der Aufführung im Deutschen Theater in Berlin 1963 stehen: Obwohl hierfür keine Regieanweisung Goethes vorhanden ist, reicht Thoas Iphigenie zum Abschied die Hand. Der „Barbar", gekennzeichnet durch seine Kleidung, ist bekehrt, die Menschlichkeit Iphigenies hat gesiegt.

Thoas, Iphigenie und Orest (Deutsches Theater Berlin 1963; Bundesarchiv, Bild 183-B1002-0020-003, Foto: Christa Hochneder)

In den sechziger Jahren des vorigen Jahrhunderts beginnt mit der Politisierung des Theaters eine Interpretationslinie, die sich kritisch mit der deutschen Klassik auseinandersetzt. Vor allem steht die Frage im Mittelpunkt, ob der Humanismus in dem Schauspiel wirklich ungebrochen ist oder ob nicht auch am Ende des Schauspiels die Figuren gefährdet sind, inhuman zu handeln. Diese Interpretationslinie kann sich durchaus auf eine Aussage von Goethe berufen, der sein Schauspiel selbst als „verteufelt human" bezeichnet hat.

2. Brüchigkeit des Humanitätsideals

Wiederum exemplarisch sei hier eine Aufführung des Württembergischen Staatstheaters in Stuttgart im Jahr 1977 angeführt. Die Figur des Thoas ist in dieser Aufführung so angelegt, dass er nicht durch und durch der Barbar ist, sondern immer schon humane Züge aufweist, die aber auch am Ende des Schauspiels gefährdet sind.

Zum Beispiel zeigen sich die humanen Züge im ersten Aufzug der Aufführung, als Thoas Iphigenie bittet, seine Frau zu werden. Sein Mantel und der Blumenstrauß weisen auf die zivilisierten Züge Thoas' hin, die nackten beringten Füße auf seine „Wildheit".

Wenn die Humanität aber stets gefährdet ist, dann ist auch der Schluss des Schauspiels problematisch. Der Zuschauer kann nicht mit einem versöhnlichen Schluss beruhigt nach Hause entlassen werden. Entsprechend haben die Schauspieler diskutiert, das Stück nicht zu Ende zu spielen, um zu verdeutlichen, dass ihre Auseinandersetzung damit noch nicht beendet ist.

Im ersten Jahrzehnt des 21. Jahrhunderts ist die „Iphigenie" nur noch vereinzelt an deutschen Bühnen gespielt worden. Hierfür mag ausschlaggebend sein, dass das Schauspiel wegen seiner Handlungsarmut wenig publikumswirksam ist, was auch schon Goethe selbst und Schiller anmerkten. Der Literaturkritiker Marcel Reich-Ranicki hat es einmal als das „erste und vollkommenste deutsche Rundfunkhörspiel" bezeichnet.

Neben der Brüchigkeit des Humanitätsgedankens tritt im weiteren Verlauf der Aufführungsgeschichte des Schauspiels der Gedanke der Emanzipation Iphigenies von der Welt der Männer in den Vordergrund, wie z. B. in der Aufführung des Theaters Ingolstadt im Jahr 2009.

Iphigenies Emanzipationsprozess

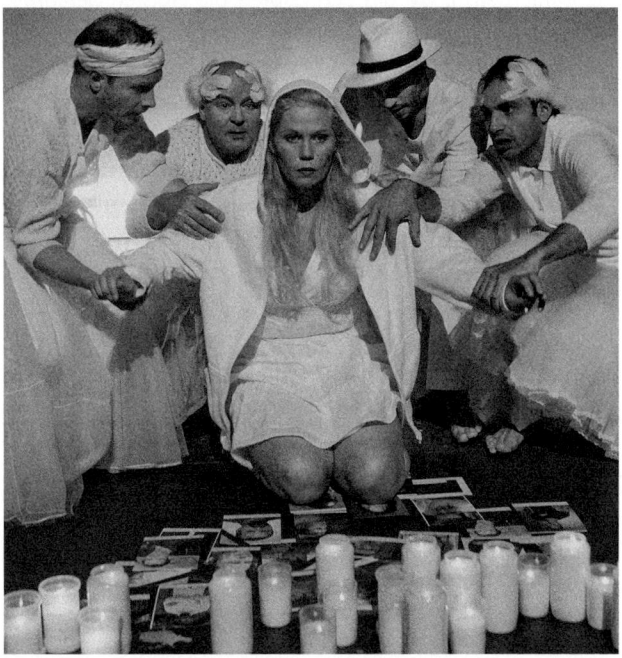

Iphigenie mit Arkas, Thoas, Orest und Pylades (Theater Ingolstadt 2009)

Das Foto zeigt Iphigenie, die sich mit den Ansprüchen der Männer Thoas, Pylades, Orest und Arkas auseinandersetzen muss.

Das Schauspiel „Iphigenie auf Tauris" in der Schule

Der Blick auf die Figuren: Die Personencharakterisierung

Eine literarische Figur charakterisieren – Tipps und Techniken

In einer literarischen Charakterisierung analysiert man neben den äußeren Merkmalen besonders die inneren Wesenszüge einer literarischen Person. Auf diesem Wege gelangt man zu einer Gesamtinterpretation der Figur. Sämtliche Elemente der Charakterisierung – äußere Merkmale, charakterisierende Aussagen sowie weiterführende Deutungen – basieren auf der Textvorlage. Bei einem dramatischen Text ist es dabei wichtig, nicht nur die Figurenreden zu untersuchen, sondern auch die Regieanweisungen. Durch direkte und indirekte Textbelege lassen sich die Aussagen über die zu charakterisierende Figur in nachvollziehbarer Weise begründen.

Für die Erarbeitung einer literarischen Charakterisierung können unter anderem folgende Aspekte und Leitfragen von Bedeutung sein:

1. Personalien und sozialer Status
- Was erfahren wir über den Namen, das Geschlecht, das Alter und den Beruf der Figur?
- Werden auffällige äußere Merkmale beschrieben?
- Wie stellen sich Lebensverhältnisse und das soziale Umfeld der Figur dar?
- Gibt es Informationen zur Vorgeschichte der Figur?

2. Wesentliche Charaktereigenschaften

- Zeigt die Figur typische Verhaltensweisen und Gewohnheiten?
- Was sind ihre hervorstechenden Wesensmerkmale und Charakterzüge?
- Welche Umstände prägen und bestimmen ihre Existenz?
- Welches Bild hat die Figur von sich selbst?
- Welche inneren Einstellungen, welches Weltbild hat sie?
- Zeigt die Figur eine Veränderung in ihren äußeren Merkmalen bzw. eine innere Entwicklung?
- Wie wird sie durch andere Figuren wahrgenommen?
- Welcher Art sind die Beziehungen zwischen der Figur und anderen Figuren?

3. Sprachgebrauch und Sprachverhalten

- Wie kann man den Sprachgebrauch der Figur allgemein beschreiben (Sprachebene, Sprachstil)?
- Welche Auffälligkeiten lassen sich auf Satz- und Wortebene erkennen (Satzbau, Wortwahl, …)?
- Welche kommunikativen Aussagen werden durch die nonverbale Kommunikation (Gestik, Mimik, Körperhaltung) transportiert?
- Welches Gesprächsverhalten, welche Gesprächsstrategien verfolgt die Figur?

4. Zusammenfassende Bewertung

- Wie lässt sich die Funktion der Figur für das Schauspiel beschreiben?
- Welche Gesamtdeutung der Figur ergibt sich aus den unter 1.–4. gewonnenen Erkenntnissen?

Diese Zusammenstellung dient als „Checkliste" für die Erarbeitungsphase der Charakterisierung.

Iphigenie – auf der Suche nach Autonomie

Iphigenie ist eine Figur der griechischen Mythologie. Als Tochter des Griechenfürsten Agamemnon hat sie eine hohe soziale Stellung inne. Allerdings gehört sie zum Geschlecht der Tantaliden, auf dem ein Fluch liegt. Ihr Vater wollte sie der Göttin Diana opfern, um günstige Winde für die Fahrt nach Troja zu bekommen. Sie wird jedoch von der Göttin gerettet und nach Tauris gebracht.

1. Personalien und sozialer Status

Ihr Vater wird nach der Rückkehr von Troja von ihrer Mutter erschlagen, diese wiederum wird von ihrem Sohn Orest getötet.

In ihrem Eingangsmonolog schildert Iphigenie ihre innere und äußere Situation auf Tauris, die vor allem dadurch gekennzeichnet ist, dass sie kein selbstbestimmtes Leben führen kann.

2. Wesentliche Charaktereigenschaften

2.1 Iphigenies innere und äußere Situation auf Tauris zu Beginn der Handlung: fehlende Selbstbestimmung

Sie befindet sich schon seit einigen Jahren auf Tauris, ohne sich jedoch heimisch zu fühlen. Ihr Amt als Priesterin der Göttin Diana sichert ihr auch auf Tauris eine hohe soziale Stellung, allerdings führt sie es nur widerwillig aus, ohne aber dagegen aufzubegehren („Mit stillem Widerwillen", V. 36).

Festgehalten auf der Insel wird sie durch zwei Kräfte, gegen die sie sich nicht durchsetzen kann: Zum einen hält sie der Wille der Göttin, zum anderen der Herrscher Thoas, den sie zwar als „ede[l]" bezeichnet, der sie aber doch in „ernsten, heil'gen Sklavenbanden" festhält (vgl. V. 33 f.).

Sie sehnt sich nach der Heimat und der Familie in Griechenland, muss aber einsehen, dass ihr Dasein als Frau es ihr nicht ermöglicht, ihren Willen durchzusetzen (vgl. V. 23 ff.).

So bleibt ihr nur als letzte Möglichkeit, auf die Hilfe der Göttin zu vertrauen, die sie schon einmal errettet hat.

Iphigenies fehlende Möglichkeit der Selbstbestimmung verschärft sich im Verlaufe der dramatischen Handlung.

Zum einen setzt Thoas sie unter Druck, sie zu heiraten. Da sie sich dem Ansinnen verweigert, befiehlt er ihr, die Menschenopfer, für deren Abschaffung sie sich eingesetzt hat, wieder einzuführen.

Zum anderen muss sie erfahren, dass es ihr eigener Bruder ist, den sie opfern soll.

Durch Arkas wird die Selbstdarstellung Iphigenies ergänzt. Der Zuschauer erfährt, dass sich Iphigenie vor den Inselbewohner verschließt, dass sie ihnen keinen Einblick in ihr Inneres gewährt.

2.2 Iphigenies guter Einfluss auf andere Menschen

Dieser Verschlossenheit steht aber auf der anderen Seite gegenüber, dass sie einen positiven Einfluss auf Thoas, den Herrscher genommen hat. Sie hat ihn dazu gebracht, auf den grausamen Brauch zu verzichten, nach dem jeder Fremdling, der die Insel betritt, der Göttin Diana geopfert werden muss (vgl. V. 101 ff.). Arkas verweist weiterhin darauf, dass sich das Leben der Taurier verbessert habe, seit Thoas unter dem Einfluss von Iphigenie nicht nur ein weiser und tapferer, sondern vor allem auch ein milder Herrscher geworden sei (vgl. V. 133 ff.).

Dieser gute Einfluss wird von Thoas selbst bestätigt (vgl. V. 279 ff.).

Auch Orest spürt den guten Einfluss, den Iphigenie auf ihn nimmt. Er gibt sich Iphigenie zu erkennen, obwohl er fürchten muss, als der Mörder ihrer gemeinsamen Mutter von ihr verurteilt zu werden: „Ich kann nicht leiden, dass du große Seele/Mit einem falschen Wort betrogen werdest./[...] zwischen uns/Sei Wahrheit!" (V. 1076 ff.)

2.3 Iphigenies Einstellung zu den Göttern

Wesentlich für die Erfassung Iphigenies Charakters ist ihre Einstellung gegenüber den Göttern, die sich im Verlaufe der Entwicklung der Handlung verändert.

Zu Beginn der Handlung zeigt sich Iphigenie den Göttern gegenüber zwar nicht unkritisch, aber doch ergeben (vgl. V. 7 f.). Sie setzt ihr ganzes Vertrauen darin, dass die Göttin Diana sie von ihrem Schicksal erlösen wird (vgl. V. 52 f.)

Dass ihr Verhältnis den Göttern gegenüber nicht ungebrochen ist, zeigt sich in ihrer Erzählung der Geschichte der Tantaliden. Sie kritisiert die Götter dafür, dass diese die menschlichen Schwächen unterschätzen würden. Die Menschen hätten nicht die moralische Größe, um den Göttern ebenbürtig zu sein (vgl. V. 315 ff.).

Gleichwohl bleibt ihr Vertrauen in die Götter noch erhalten (vgl. V. 554 ff.).

Als sich jedoch herausstellt, dass Iphigenie das Opfer an ihrem Bruder und ihrem Cousin vollziehen soll, beginnt sie, an der Güte der Götter zu zweifeln (vgl. V. 1696 ff.). Inständig bittet sie die Götter darum, sie aus ihrer Notlage zu befreien, damit sie auch weiterhin an das Wohlwollen der Götter gegenüber den Menschen glauben kann: „[...] Rettet mich,/Und rettet euer Bild in meiner Seele!" (V. 1716 f.)

Durch die Erinnerung an das Lied der Parzen, dass ihr ihre Amme vorgesungen hat, erkennt Iphigenie, dass eine Befreiung von dem Fluch nicht durch die Götter, sondern nur durch ihr eigenes Handeln erfolgen kann (vgl. V. 1718 ff.). Bezeichnenderweise folgt ab dieser Stelle kein Nachdenken Iphigenies über die Götter mehr.

Die Entscheidung zu der guten Tat ist wesentlich geprägt durch Iphigenies Haltung zur Lüge.

2.4 Iphigenies
Haltung zur Lüge

Die Handlung spitzt sich so zu, dass Iphigenie vor eine Entscheidung gestellt wird, die für sie ein Dilemma darstellt: Wie immer sie sich entscheidet, hat sie negative Folgen zu befürchten.

Sie kann Thoas die Wahrheit über ihre Fluchtabsicht verbergen und dadurch das Leben ihres Bruders und ihres Cousins retten und selbst wieder in ihre Heimat gelangen. Damit ist aber verbunden, dass sie mit Thoas den Menschen, der ihr lange respektvoll begegnet ist, betrügt. Weiterhin muss sie befürchten, dass Thoas wieder an dem Brauch festhalten wird, alle Fremden zu opfern. Ihr bisheriges Wirken auf Tauris wäre damit also zunichtegemacht (vgl. V. 1522 ff.).

Sagt Iphigenie jedoch die Wahrheit, deckt sie also Thoas gegenüber die Fluchtpläne auf, riskiert sie sowohl den Tod ihres Bruders und ihres Cousins als auch ihren eigenen Tod. In diesem Konflikt entscheidet sich Iphigenie dafür, Thoas die Wahrheit zu gestehen, auch wenn sie dadurch Leben riskiert. Die Entscheidung dazu aber liegt in den Händen Thoas': „Allein *euch* leg ich's auf die Knie! Wenn/Ihr wahrhaft seid, wie ihr gepriesen werdet:/So zeigt's durch euern Beistand und verherrlicht/Durch mich die Wahrheit!" (V. 1917 ff.; Hervorhebung: M. Fuchs)

Indem Iphigenie Thoas die Wahrheit eröffnet, hat sie sich von ihrer Fremdbestimmung gelöst, d. h., sie ist zu einer wirklich autonomen Entscheidung gelangt. In ihrer Begründung der Tat beruft sie sich weder auf die Götter noch lässt sie sich, wie Pylades etwa, von taktischen Überlegungen leiten. Sie hört allein auf ihre innere Stimme.

3. Iphigenies Sprachgebrauch und Sprachverhalten

Iphigenies Sprachgebrauch und -verhalten sind davon bestimmt, ob sie in ihrer Rolle als Priesterin oder als Privatperson spricht.

In ihrer Rolle als Priesterin spricht sie sachlich, distanziert, emotionslos. Oftmals vermeidet sie dabei das Personalpronomen und spricht von sich selbst als Priesterin (vgl. V. 815, 1444). Ihr Amt und damit auch die distanzierte Sprache dienen ihr als Schutz vor den Ansprüchen anderer.

In ihrer Rolle als Privatperson ist ihre Sprache dagegen emotionsvoll, insbesondere dann, wenn sie ihre Lage auf Tauris reflektiert (vgl. dazu die inneren Monologe).

Der Umschlag von dem öffentlichen zum privaten Sprachgebrauch erfolgt oft sehr unvermittelt, vor allem dann, wenn Iphigenies Emotionen betroffen sind. So begegnet Iphigenie Pylades bei ihrer ersten Zusammenkunft in ihrer Rolle als Priesterin, also sprachlich distanziert, sachlich. Sobald sie aber erfährt, dass er Nachrichten über den Kampf um Troja hat, gibt sie ihre Rolle als Priesterin auf und bedrängt, ja beschwört ihn, ihr zu berichten (vgl. V. 798 ff.). Weiterhin ist ihr Sprachgebrauch von ihrem Anspruch nach Wahrhaftigkeit geprägt. Eindringlich betont sie ihren Widerwillen gegen die Lüge (vgl. V. 1405 ff.). Verstellung und Heuchelei sind ihr so fremd, dass sie zwar den Betrugsplan von Pylades zunächst ausführen kann, als aber etwas Unvorhergesehenes geschieht, keine weitere Lüge sich ausdenken kann (vgl. V. 1450).

Ihre Offenheit im Umgang mit Menschen wird von Thoas, Orest und Arkas bestätigt.

Indem Iphigenie sich für die Wahrheit entscheidet, entspricht sie dem Menschheitsideal der Klassik, das Friedrich Schiller einmal als „die schöne Seele" bezeichnet hat.

4. Zusammenfassende Bewertung: Iphigenie als „schöne Seele"

Der Mensch hat nach Schiller dann eine schöne Seele, wenn in ihm das moralische Bewusstsein und das Gefühl in Übereinstimmung stehen. Die Einsicht in die Notwendigkeit zur Wahrheit entspringt bei Iphigenie weniger der rationalen Einsicht in die Schändlichkeit der Lüge als vielmehr ihrem moralischen Empfinden: „Ich untersuche nicht, ich fühle nur." (V. 1650) Iphigenie hat ihre Menschlichkeit so weit ausgebildet, dass sie sich von ihrem Gefühl leiten lassen kann, ohne Gefahr zu laufen, sich auf diese Weise in Widerspruch zu wesentlichen moralischen Prinzipien bringen zu lassen. Hierin unterscheidet sie sich grundlegend von Thoas (vgl. dazu S. 83).

Iphigenie durchläuft in Goethes Schauspiel einen Prozess der Emanzipation. Sie löst sich von allen äußeren Abhängigkeiten – ihrem Götterglauben, ihrer Stellung als Frau,

Iphigenie (Schiller-Theater Berlin 1981)

ihrem Wunsch, in die Heimat zurückzukehren – und ringt sich zu einer wahren autonomen und damit erst wirklich freien Entscheidung durch.

Thoas – ein Beispiel für die Ausbildung von Humanität?

1. Personalien und sozialer Status

Thoas ist der König und damit Herrscher der Insel Tauris. Er hat seine Frau und seinen Sohn verloren und lebt somit ohne Nachfolger. Deshalb ist es sein ausdrücklicher Wunsch, Iphigenie zu heiraten.

2. Wesentliche Charakter-eigenschaften
2.1 Thoas als Herrscher

Er gilt, wie Arkas berichtet, als weiser und tapferer Herrscher, der zusätzlich unter dem günstigen Einfluss von Iphigenie auch milde geworden sei (vgl. V. 134 ff.). Arkas spielt damit darauf an, dass Thoas auf Iphigenies Betreiben den Brauch abgeschafft hat, jeden Fremdling, der die Insel betritt, der Göttin Diana zu opfern.

2.2 Thoas als Mensch

Arkas beschreibt Thoas als einsam und misstrauisch, vor allem, seit er seinen Sohn verloren hat. Weiterhin weist Arkas darauf hin, dass Thoas zwar gewohnt sei zu befehlen, nicht aber die Kunst des Gesprächs beherrsche (vgl. V. 164 ff.). Er meint damit, dass Thoas es wahrscheinlich nicht versteht, Iphigenie zu umschmeicheln, um sie so als seine Frau gewinnen zu können. Entscheidendes Kennzeichen seines Charakters ist Thoas' innerer Kampf um humanes Handeln.

2.3 Thoas' innerer Kampf um Humanität

Für die Griechen waren alle Völker außerhalb ihres Landes „Barbaren". Bedeutete der Begriff ursprünglich nur „Menschen mit einer anderen Sprache", erhielt er später die diskriminierende Bedeutung „Menschen mit rohen, unzivilisierten Sitten". Thoas weist diese Kennzeichnung als Barbar zwar für sich zurück (vgl. V. 1938 f.), aber sein Handeln ist zwiespältig: Auf der einen Seite zeigt er ein moralisch gutes Handeln, auf der anderen Seite droht aber ein ständiger Rückfall in die Barbarei.

Moralisch gutes Handeln zeigt Thoas, als er z. B. Iphigenie als Priesterin aufgenommen und nicht, wie auf Tauris Sitte, sie als Fremde der Göttin Diana geopfert hat. Weiterhin hat er unter dem Einfluss von Iphigenie die Menschenopfer überhaupt abgeschafft. Sein gutes Handeln zeigt sich auch, als er Iphigenie verspricht, sie nach Hause gehen zu lassen, falls sich herausstellt, dass ihre Familie noch lebt. Demgegenüber droht aber der Rückfall in inhumanes, barbarisches Handeln.

Als König ist Thoas es gewohnt, dass seinen Wünschen und Befehlen nachgekommen wird. Mit Iphigenies Weigerung, ihn zu heiraten, stößt er jedoch auf Widerstand, worauf er verletzt und wütend reagiert.

Thoas und Iphigenie (Schaubühne Berlin 1998)

Er beschimpft Iphigenie, indem er ihr Verhalten als typisch für eine Frau abwertet (vgl. V. 465 ff.), und – schlimmer noch – er befiehlt aus seinem Zorn heraus die Wiedereinführung der Menschenopfer (vgl. V. 528 ff.). Sein Zorn zeigt sich auch darin, dass er sein eigenes gutes Handeln Iphigenie gegenüber abwertet, indem er sich vorwirft, zu nachsichtig gegen sie gewesen und auf ihre Schmeicheleien hereingefallen zu sein. Erst Iphigenies eindringlicher

Appell an seine moralische Einsicht lässt ihn seine Emotionen überwinden, indem er sie mit Orest und Pylades von Tauris ziehen lässt.

Am Ende des Schauspiels bleibt offen, ob Thoas sich wirklich zur Menschlichkeit durchgerungen hat. Er bleibt einsam auf der Insel zurück. Für den Zuschauer bleibt die Frage offen, wie er sich in der Zukunft verhalten wird. Wird er die Menschenopfer wieder einführen?

3. Thoas' Sprachgebrauch und Sprachverhalten

Auch wenn Arkas von Thoas behauptet, er beherrsche nicht die Kunst des Gesprächs, so entsprechen Thoas' Sprachgebrauch und -verhalten doch nicht der Vorstellung von einem Barbaren.

Seinen Wunsch, Iphigenie zu heiraten, trägt er höflich und durchaus nicht fordernd vor. Dass er überhaupt von einem „Wunsch" spricht (vgl. V. 246), zeigt, dass er Iphigenie als gleichberechtigt respektiert. Für diesen Respekt spricht auch die Form der Stichomythie, mit der er mit Iphigenie über das Vernehmen des göttlichen Willens diskutiert (vgl. V. 493 ff.).

Sein Sprachgestus ändert sich jedoch mit der Zunahme seines Zornes über Iphigenies Verweigerung. Mit bitteren Worten, die Iphigenie tief verletzen müssen, wirft er ihr vor, ihn „verzaubert" zu haben (vgl. V. 514), sodass er seine Pflicht gegenüber der Göttin vergessen habe.

Mit kurzen und knappen Worten befiehlt er Iphigenie die Wiedereinführung der Menschenopfer (vgl. V. 531 ff.).

Fremd ist offensichtlich Thoas die Kunst der Verstellung im Gespräch. Er äußert seine Ansicht direkt und offen, ohne einen Hintergedanken (vgl. dazu die Bemerkungen zu Pylades, S. 86).

4. Zusammenfassende Bewertung

Thoas wird von Goethe als eine Figur konstruiert, die sich ständig auf der Grenze zwischen Barbarei und Menschlichkeit bewegt.

Seine Menschlichkeit beweist er, indem er Iphigenie aufnimmt und auf ihr Fürsprechen hin den Brauch der Menschenopfer aussetzt.

Demgegenüber droht allerdings immer wieder der Rückfall in die Barbarei: Thoas befiehlt die Wiedereinführung der Menschenopfer, als Iphigenie sich weigert, seine Frau zu werden.

Ob Thoas am Ende des Schauspiels wirklich zur Humanität gelangt ist, bleibt der Deutung der Zuschauer überlassen.

Pylades – Iphigenies Gegenspieler

Pylades ist Cousin und Freund von Orest. Sie sind zusammen aufgewachsen. So begleitet er ihn auch, als Orest, halb dem Wahnsinn verfallen, nach Tauris kommt, um den Orakelspruch des Gottes Apoll zu erfüllen. Gemeinsam mit Orest wird er von Thoas' Leuten gefangen genommen.

1. Personalien und sozialer Status

Im Gegensatz zu Orest vertritt Pylades eine optimistische Lebensphilosophie. Er setzt auf seine Klugheit und List, um aus der schwierigen Situation auf Tauris herauszukommen (vgl. V. 601 f.)

2. Wesentliche Charaktereigenschaften
2.1 Pylades' Optimismus

Dieser Einstellung entspricht es, dass er Iphigenie gegenüber zunächst Orests und seine wahre Identität verschweigt. Ebenso erzählt er ihr nicht das ganze Geschehen um das Ende des Trojanischen Krieges (vgl. V. 880 ff.).

In einem großen Dialog mit Iphigenie wird Pylades' ethische Einstellung deutlich. Für ihn ist der Betrug an Thoas gerechtfertigt, weil er dem guten Zweck dient, das Leben von Orest, Iphigenie und sein Leben zu retten (vgl. V. 1666 ff.).

2.2 Pylades' ethische Einstellung

Iphigenie und Pylades
(Schaubühne Berlin 1998)

Thoas hat für ihn die Berechtigung verloren, dass ihm mit Wahrheit begegnet wird (vgl. V. 1643).

Pylades geht davon aus, dass die Welt, d. h. das menschliche Handeln, so geartet ist, dass ein rein moralisches Handeln unmöglich ist. In einer Welt, in der Menschen unmoralisch handeln, habe derjenige keine Chance, sich zu behaupten und seine Ziele durchzusetzen, der nur moralisch handeln wolle (vgl. V. 1656 ff.). Pylades zieht daraus die Konsequenz, dass sich jeder der Nächste ist (vgl. V. 1661 f.).

Er argumentiert hier mit den Folgen einer Handlung: Da die Lüge Leben rettet, ist sie moralisch gerechtfertigt. Und umgekehrt: Lügt Iphigenie nicht, muss sie sich dem Vorwurf stellen, für den Tod ihrer Verwandten verantwortlich zu sein (vgl. V. 1672 f.).

In den weiteren Handlungsverlauf greift Pylades dann nicht mehr entscheidend ein. In dem Moment, da Iphigenie sich zur Wahrheit entschließt, haben sich seine Argumente erledigt.

3. Pylades' Sprachgebrauch und Sprachverhalten

Pylades verfügt über eine ausgesprochene Redegewandtheit. Sehr wortreich und rhetorisch geschickt versucht er sowohl in Orest die Lebensgeister zu wecken (vgl. V. 596 ff.) als auch Iphigenie von dem Fluchtplan zu überzeugen (vgl. V. 1532 ff.). Sowohl Orest (vgl. V. 740 f.) als auch Iphigenie erkennen jedoch, dass Pylades mit dem rhetorischen Geschick allein dem Wahrheitsanspruch nicht gerecht wird. Insbesondere Iphigenie kritisiert, dass Pylades sich der Lüge bedient, um einen Vorteil für sich zu erzielen (vgl. V. 1405 ff.).

4. Zusammenfassende Bewertung

Pylades' dramatische Funktion besteht darin, dass er eine moralische Position vertritt, die nicht dem Humanitätsideal entspricht. Gegen diese Position muss sich Iphigenie in einem langen Kampf behaupten, was ihr letztlich auch gelingt. Der von Pylades eingeschlagene Weg des Pragmatismus statt Moralität erweist sich am Ende des Schauspiels als Irrtum.

Orest – Entsühnung durch Menschlichkeit

Orest ist der Bruder von Iphigenie. Somit gehört auch er zu dem fluchbeladenen Geschlecht der Tantaliden und auch sein Handeln scheint von dem Fluch betroffen. Er hat seine (und damit auch Iphigenies) Mutter getötet, weil diese wiederum seinen Vater Agamemnon nach dessen Rückkehr aus Troja getötet hat.

Seitdem findet er keine Ruhe mehr, er fühlt sich von den Erinnyen, den Rachegöttinnen, verfolgt. Um von ihnen befreit zu werden, hat er sich an den Gott Apoll gewandt, der ihm in einem Orakelspruch aufgetragen hat, „die Schwester" von Tauris nach Griechenland zu bringen. Orest versteht den Spruch so, dass er die Statue der Göttin von Tauris nach Griechenland bringen soll.

Als er von Thoas' Leuten aufgegriffen wird und befürchtet, den Opfertod zu sterben, ist sein Lebenswille gebrochen; er sehnt sich nach der Ruhe des Todes (vgl. V. 561 ff.).

Seine Verzweiflung steigert sich noch, als er erfährt, dass die Priesterin, in deren Tempel er sich hat retten können, seine Schwester Iphigenie ist und dass sie es ist, die das Opfer an Pylades und ihm vollziehen soll (vgl. V. 1223 ff.).

Nach einem ohnmachtsähnlichen Schlaf, in dem er die Vision der Versöhnung seiner Familie hat, fühlt er sich von

1. Personalien und sozialer Status

2. Wesentliche Charaktereigenschaften
2.1 Orests pessimistische Lebenseinstellung

2.2 Orests Heilungsprozess

Iphigenie und Orest (Bayrisches Staatsschauspiel 2008)

der Verfolgung durch die Erinnyen, d.h. also von seinen Gewissensbissen wegen des Mordes an seiner Mutter, befreit (vgl. V. 1271 ff.).

Eine Interpretationsschwierigkeit liegt darin, dass Goethe den eigentlichen Heilungsprozess ausgespart hat, sodass nicht eindeutig ist, wodurch dieser Heilungsprozess verursacht wurde. Orest selbst nennt später Iphigenie seine „Retterin" (V. 1545).

2.3 Orests neuer Tatendrang

Nach seiner Befreiung von den Gewissensbissen schöpft Orest neuen Lebensmut und ist voller Tatendrang (vgl. V. 1358 ff.). Dieser Tatendrang führt ihn aber zunächst auf den falschen Weg, nämlich den, den Weg der Befreiung aus Thoas' Gefangenschaft mit Waffengewalt suchen zu wollen, woran ihn Iphigenie aber hindert (vgl. V. 1993 ff.). Als Thoas ihn indirekt als verwerflicher darstellt als die vermeintlichen Barbaren, weil er das Bild der Göttin rauben wollte (vgl. V. 2099 ff.), erkennt Orest die wahre Bedeutung des Orakelspruchs. Damit erkennt er auch, dass der Raub der Götterstatue überflüssig wird.

2.4 Orests Hinwendung zur Menschlichkeit

Das göttliche Gebot, „die Schwester" zu holen, stimmt nun überein mit dem Maßstab menschlicher Moralität, nach dem der Diebstahl als unmoralisch gilt. Gemeinsam mit Iphigenie appelliert er an Thoas' Menschlichkeit: „Lass deine Seele sich zum Frieden wenden" (V. 2135).

3. Orests Sprachgebrauch und Sprachverhalten

Orests pessimistische, lebensverneinende Einstellung zeigt sich in einer ganzen Reihe düsterer Sprachbilder, wobei „düster" hier wörtlich genommen werden kann, da das Motiv der Dunkelheit eine besondere Rolle spielt (vgl. V. 585 ff., 615 f., 1003 ff.).

Nach seiner Heilung ändert sich die Metaphorik; sie nimmt nun den Aspekt des neu gewonnenen Lebens auf (vgl. V. 1348 ff.).

Im Gegensatz zu seinem Cousin und Freund Pylades beherrscht Orest nicht die Kunst der Verstellung und er will sie auch gar nicht beherrschen. Seine Abneigung gegen die Lüge bringt er Iphigenie gegenüber zum Ausdruck: „Ich kann nicht leiden, dass du große Seele/Mit einem falschen Wort betrogen werdest." (V. 1076 f.)

Orest ist neben Thoas eine weitere Figur, an der sich Iphigenies guter Einfluss zeigt. Ihre edle Gesinnung erlöst ihn von seinen Gewissensqualen und führt auch ihn auf den Weg der Menschlichkeit.

Arkas – ein Beispiel für Iphigenies guten Einfluss

Arkas ist als Ratgeber und Sendbote ein enger Vertrauter des Königs Thoas.

In dieser Funktion besteht seine Aufgabe darin, Iphigenie über Thoas' Wünsche und Absichten zu informieren.

Darüber hinaus versucht er quasi in eigener Mission, in dem Konflikt zwischen Thoas und Iphigenie zu vermitteln. Dabei lässt er seine besondere Wertschätzung Iphigenies erkennen, indem er sie wiederholt an den guten Einfluss erinnert, den sie seiner Meinung nach auf Thoas genommen habe (vgl. V. 120 ff., 1465 ff.). Gleichzeitig befürchtet er einen Rückfall Thoas' in die unmenschlichen Sitten der Zeit vor Iphigenies Wirken auf Tauris (vgl. V. 187 ff.).

Damit erweist er sich als ein Mann, dem die Menschlichkeit im Umgang miteinander besonders am Herzen liegt, was auch von Iphigenie anerkannt wird (vgl. V. 1503 ff.). Im Gegensatz zu Thoas ist Arkas eine ausgeglichene Persönlichkeit, die nicht der Gefahr des Rückfalls in die Barbarei unterliegt.

In Arkas' Sprachgebrauch und -verhalten spiegeln sich seine offizielle Rolle als Sendbote Thoas' und seine private Rolle als Konfliktvermittler wider.

In seiner öffentlichen Rolle formuliert er sachlich und emotional distanziert. So vermeidet er in dieser Rolle die direkte Ansprache Iphigenies mittels des Personalpronomens, er spricht sie mit „Priesterin" an (vgl. V. 55, 1421). Insbesondere in dem zweiten Dialog Arkas' mit Iphigenie ist der vorherrschende Modus der Imperativ. Arkas tritt hier als Befehlsübermittler Thoas' auf.

Der Wechsel von der öffentlichen zur privaten Rolle wird in beiden Dialogen, die Arkas mit Iphigenie führt, durch die Interjektion „O" gekennzeichnet (vgl. V. 63, 1453). Diese Interjektion drückt die Emotion des Bedauerns aus und zeigt die persönliche Betroffenheit Arkas'.

In seiner privaten Rolle kommuniziert Arkas auf gleicher Ebene mit Iphigenie. Seine Gesprächsstrategie besteht vor allem darin, durch eindringliches Mahnen an ihre Verdienste Iphigenie zur Heirat mit Thoas zu überreden. Dabei zeigen insbesondere die rhetorischen Fragen und die Auseinandersetzung in Form der Stichomythie, dass Arkas Iphigenie als gleichberechtigte Gesprächspartnerin anerkennt.

4. Zusammenfassende Bewertung

Arkas' wesentliche dramatische Funktion besteht darin, Iphigenies inneren Konflikt zu verschärfen, indem er sie an ihre sittliche Verpflichtung erinnert, die von ihr begonnene Humanisierung der Taurier fortzusetzen.

Er erweist sich als eine Person, auf die Iphigenies Einfluss eine besondere Wirkung hinterlassen hat.

Der Blick auf den Text: Die Szenenanalyse

Eine Szene analysieren – Tipps und Techniken

Für die Analyse (Beschreibung und Deutung) von Einzelszenen des Schauspiels stehen grundsätzlich zwei verschiedene Methoden zur Auswahl: die Linearanalyse und die aspektgeleitete Analyse.

In der **Linearanalyse** werden die einzelnen Abschnitte des Aufgabentexts systematisch, das heißt ihrer Reihenfolge nach, analysiert. Dies führt in der Regel zu genauen und detaillierten Ergebnissen. Allerdings besteht dabei die Gefahr, dass zu kleinschrittig gearbeitet wird und die übergeordneten Deutungsaspekte aus dem Blick geraten.

In der **aspektgeleiteten Analyse** werden diese Deutungsschwerpunkte von vornherein festgelegt. Daraus ergibt sich in der Regel eine sehr problemorientierte und zielgerichtete Vorgehensweise. Dabei werden jedoch die Deutungsaspekte, die nicht im Fokus des Interesses stehen, vernachlässigt.

Aufbauschema:

1. Einleitung:
- Basissatz: Autor; Titel; Textsorte; Erscheinungsjahr des Werks, aus dem der Text stammt
- Ort, Zeit und Personen der Szene
- kurze Inhaltsangabe

2. Einordnung der Szene in das Schauspiel:
Was geschieht vorher, was nachher?

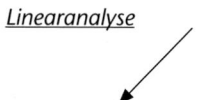

Linearanalyse   *aspektgeleitete Analyse*

3. Aufbau der Szene:
- Auflistung der Textabschnitte/ Textgliederung

3. Untersuchungsschwerpunkte:
- Auflistung der ausgewählten Untersuchungsaspekte

4. Beschreibung und Deutung der unter 3. angegebenen Textabschnitte:
- Aussagen zum Inhalt des Abschnitts
- Aussagen zur Deutung, Einbetten in den Zusammenhang des Schauspiels
- Einbezug der sprachlichen Gestaltung

4. Beschreibung und Deutung der unter 3. angegebenen Aspekte:
- Benennen des jeweiligen Aspekts
- Aussagen zur Deutung, Einbetten in den Zusammenhang des Schauspiels
- Einbezug der sprachlichen Gestaltung

5. Schluss:
- Zusammenfassung der Ergebnisse
- Einordnung in einen größeren Deutungszusammenhang
- Bewertung

Beispielanalyse: Erster Aufzug, zweiter Auftritt (linear)

Aufgabe: Analysieren Sie den zweiten Auftritt des ersten Aufzugs des Schauspiels „Iphigenie auf Tauris" von Johann Wolfgang von Goethe.

Die Szene stammt aus dem Schauspiel „Iphigenie auf Tauris", das Johann Wolfgang von Goethe in den Jahren 1779 – 1787 verfasste. — Einleitung

Das Schauspiel handelt von dem inneren Konflikt Iphigenies, die sich entscheiden muss, entweder zu lügen, um Leben zu retten, oder die Wahrheit zu sagen und damit ihr eigenes Leben und das ihres Bruders Orest und ihres Cousins Pylades in Gefahr zu bringen.

Iphigenie ist die Tochter des Griechenfürsten Agamemnon, der sie der Göttin Diana opfern wollte, um günstige Winde für die Fahrt nach Troja zu erhalten. Die Göttin errettet Iphigenie jedoch und bringt sie auf die Insel Tauris, auf der König Thoas herrscht.

Durch Iphigenies Eingangsmonolog erfährt der Zuschauer, dass sich Iphigenie, obwohl sie schon längere Zeit auf Tauris weilt, nicht heimisch fühlt. Vor allem aber beklagt sie, dass es ihr nicht möglich ist, ein selbstbestimmtes Leben zu führen.

Der zweite Auftritt enthält einen Dialog zwischen Iphigenie und Arkas, dem Vertrauten von König Thoas, der eindringlich an Iphigenie appelliert, dem Heiratsantrag von Thoas zu folgen. Dies bedeutet für sie aber, ihren Wunsch, in ihre Heimat zurückkehren zu können, aufgeben zu müssen. — Einordnung der Szene in das Schauspiel

Der Dialog lässt sich in drei Teile gliedern, wenn man sich an der Thematik des Dialogs orientiert. — Aufbau der Szene

Im ersten Teil (V. 54 – 62) tritt Arkas als offizieller Bote des Königs auf, im zweiten (V. 63 – 150) und dritten Teil (V. 151 – 219) führt er ein Gespräch als Privatperson mit

Iphigenie zum einen über Iphigenie selbst, zum anderen über König Thoas.

Dass Arkas zunächst als Bote des Königs auftritt, wird gleich mit seinen ersten Worten deutlich: „Der König sendet mich hierher [...]." (V. 54) Arkas übermittelt den Gruß des Königs an Iphigenie und berichtet von dem Sieg des Heeres. Weiterhin kündigt er die Ankunft des Königs an.

Arkas' Sprache in diesem Teil ist sachlich, distanziert, so wie es seiner Rolle als Bote des Königs entspricht.

Entsprechend antwortet Iphigenie auch nicht als Privatperson, sondern in ihrer Rolle als Priesterin. Sie vermutet als Grund für Thoas' Besuch des Tempels, dass dieser der Göttin ein Dankesopfer bringen will (vgl. V. 60 ff.).

Zweiter Teil

Doch schon gleich bei Arkas' nächster Aussage wird sein Rollenwechsel deutlich, begleitet von einem Themenwechsel, sodass man hier einen Gliederungsabschnitt setzen kann. Arkas spricht nun als Privatperson, seine Sprache wird emotionaler, was schon gleich zu Beginn durch die Interjektion „O" (V. 63) deutlich wird.

Arkas äußert sein Bedauern, dass sich Iphigenie so distanziert gegenüber dem Volk der Taurier zeigt. Er geht sogar so weit, dass er Iphigenie gesteht, dass er vor ihrem Blick schaudere, da sie sich so gefühlskalt und unnahbar zeige: „Solang ich dich an dieser Stätte kenne,/Ist dies der Blick, vor dem ich immer schaudre;/Und wie mit Eisenbanden bleibt die Seele/Ins Innerste des Busens dir geschmiedet." (V. 70 ff.)

Mit dem Vergleich „wie Eisenbanden" nimmt Arkas ein Motiv auf, mit dem schon Iphigenie in ihrem Eingangsmonolog ihre Situation gekennzeichnet hat. Dort hat sie von den „sanften Banden" der Familie gesprochen (V. 22), denen die „Sklavenband[e]" gegenüberständen, mit denen Thoas sie hier festhalte (V. 34). Diese Wiederaufnahme des Motivs durch Arkas zeigt, dass er Iphigenies Gefühlslage auf Tauris, ihre Sehnsucht nach Heimat und Familie und ihre Klage über ihre fehlende Möglichkeit der Selbstbestimmung angemessen einschätzt.

Dies bestätigt ihm auch Iphigenie, die nun – ebenso wie Arkas – als Privatperson spricht. Sie versucht Arkas deutlich zu machen, dass sie gegen ihren Willen auf Tauris festgehalten werde und Sehnsucht nach Familie und Heimat habe, weshalb ihr Tauris eben nicht zur Heimat werden könne (vgl. V. 74 ff.).

Arkas wirft ihr daraufhin vor, undankbar zu sein, da Thoas sie nach ihrem geheimnisvollen Erscheinen auf Tauris freundlich empfangen und sie nicht, wie es sonst bei jedem Fremden der Brauch gewesen sei, der Göttin geopfert habe (vgl. V. 93 ff.). Iphigenie weist den Vorwurf der Undankbarkeit als ungerechtfertigt zurück (vgl. V. 93). Sie verweist darauf, dass ihr Leben auf Tauris „unnütz" sei, da sie nur auf den Tod warte, der sie ihr Schicksal vergessen lasse (vgl. V. 109 ff.).

Arkas bedauert daraufhin Iphigenie, dass sie ihr Leben nicht auf Tauris genießen könne. Iphigenies Selbsteinschätzung aber, unnütz zu sein, weist er zurück. Er erinnert sie an den guten Einfluss, den sie auf Thoas genommen habe. Sie habe ihn erheitert und vor allem habe sie ihn überzeugt, von dem Brauch zu lassen, alle Fremden zu opfern, die die Insel betreten. Arkas geht noch weiter, indem er Iphigenies guten Einfluss auf das ganze Volk der Taurier ausdehnt, das nun ein besseres Leben führe, seitdem der König neben seiner Weisheit und Tapferkeit durch Iphigenie auch die Gabe der Milde erhalten habe (vgl. V. 117 ff.). Arkas versucht seinen Aussagen dadurch Überzeugungskraft zu geben, dass er sie in die Form von rhetorischen Fragen kleidet. Sie sind so formuliert, dass sich Iphigenie ihren guten Einfluss auf Thoas und die Taurier selbst eingestehen muss. Auch die Fülle der Fragen – es handelt sich insgesamt um neun – soll diesen Eindruck verstärken.

Es folgt nun eine Gesprächsphase, in der Arkas und Iphigenie in Form der Stichomythie darüber streiten, wie hoch man selbst seine eigenen Taten einschätzen darf (vgl. V. 144 ff.). Arkas bricht diese Auseinandersetzung dadurch ab, dass er Iphigenie beschwört, auf ihn zu hören. Er verstärkt die Beschwörung durch den Hinweis, dass er Iphigenie „treu und redlich ergeben" sei (V. 151). Durch diese Beschwörung erhält das Folgende eine besondere Bedeutung.

Dritter Teil   Arkas bringt nun das Gespräch auf sein eigentliches Anliegen, nämlich Iphigenie für die Hochzeit mit Thoas zu gewinnen, womit der dritte Teil der Szene beginnt.

Er bittet Iphigenie, Thoas entgegenzukommen, wenn dieser sie heute um etwas bitte (vgl. V. 152 f.). Iphigenie erkennt Arkas' Absicht sofort, dass sie Thoas' Antrag, seine Frau zu werden, annehmen soll. Sie befürchtet, nun auch von Arkas zu dieser Heirat gedrängt zu werden: „Du ängstest mich mit jedem guten Worte" (V. 154).

Arkas stellt ihr nun, um sie von der Notwendigkeit der Hochzeit zu überzeugen, Thoas' Situation in eindringlichen Formulierungen vor. Er beschreibt ihn als eine Person, die seit dem Verlust seines Sohnes einsam geworden sei und misstrauisch, dass ihm jemand seine Herrschaft streitig machen wolle. Weiterhin beherrsche er nicht die Kunst der Rede, weshalb Arkas Iphigenie auffordert, Thoas in seinem Anliegen entgegenzugehen (vgl. V. 156 ff.). Er äußert sein Unverständnis, dass sie sich nicht Thoas gegenüber öffne und ihm das Geheimnis ihrer Herkunft offenbare. Iphigenie ahnt, dass Thoas seine friedliche Haltung ihr gegenüber aufgeben könnte, was von Arkas bestätigt wird (vgl. V. 183 ff.). In eindringlichen Worten beschwört er Iphigenie, Thoas' Werben nachzugeben, da er sonst eine harte Reaktion von ihm befürchte. Als Iphigenie daraufhin die Befürchtung äußert, Thoas könne sie mit Gewalt zu seiner Frau nehmen, beruhigt Arkas sie, dass dies nicht Thoas' Anliegen sei. Er befürchte eine andere harte Entscheidung (vgl. V. 201 ff.). Er führt nicht weiter aus, was er damit meint, sondern verweist auf Thoas, der sich gerade dem Tempel nähere.

Iphigenie – und mit ihr auch der unkundige Zuschauer – ahnt nicht, worauf Arkas anspielt. Ihr abschließender kurzer Monolog macht ihre Hoffnung deutlich, Thoas offen sagen zu können, weshalb sie ihn nicht heiraten will (vgl. V. 214 ff.).

Der zweite Auftritt des ersten Aufzugs gehört noch zur Ex-   Schluss
position des Schauspiels, in der wesentliche Personen der Handlung vorgestellt werden und der dramatische Konflikt vorbereitet wird.

Der Zuschauer ist darüber informiert, dass Thoas um Iphigenie wirbt, diese aber seine Werbung zurückweist. Die Spannung des Zuschauers ist zunächst darauf gerichtet, ob es Iphigenie gelingen wird, Thoas von seinem Heiratsantrag abzubringen, ohne seinen Zorn zu erregen.

Wesentlicher Aspekt des Dialogs aber ist, dass Iphigenies Selbsteinschätzung, dass ihr die Möglichkeit der Selbstbestimmung fehle, bestärkt wird. Sie wird von Arkas moralisch unter Druck gesetzt, Thoas' Heiratsantrag anzunehmen, was für sie bedeutet, dass ihr Wunsch, in ihre Heimat zurückkehren zu können, sich nicht erfüllen kann.

Wichtig ist, dass dieser Druck zunächst nicht auf äußerer Gewalt beruht, sondern dass Arkas an Iphigenies innere Einstellung appelliert, ihren guten Einfluss auf Thoas zum Wohle der Menschen fortzusetzen.

Beispielanalyse: Vierter Aufzug, erster Auftritt (aspektgeleitet)

Aufgabe: Analysieren Sie den ersten Auftritt des vierten Aufzugs des Schauspiels „Iphigenie auf Tauris" von Johann Wolfgang von Goethe.

Die zu analysierende Szene, es handelt sich dabei um einen   Einleitung
Monolog der Protagonistin Iphigenie, stammt aus dem Schauspiel „Iphigenie auf Tauris", das Johann Wolfgang

von Goethe in den Jahren 1779 bis 1787 verfasste. Das Schauspiel gilt als ein bedeutendes Werk der Weimarer Klassik.

Im Mittelpunkt der Handlung steht die griechische Fürstentochter Iphigenie, die in einen schweren Gewissenskonflikt gerät, als sie sich entscheiden muss, entweder zu lügen, um ihr Leben und das ihres Bruders Orest und ihres Cousins Pylades zu retten, oder die Wahrheit zu sagen, um ihrem eigenen Anspruch auf ein menschliches Miteinander gerecht zu werden.

Der zu analysierende Monolog macht noch einmal ihren inneren Konflikt deutlich, deutet aber darüber hinaus zumindest indirekt die Lösung des Konflikts an.

Einordnung der Szene in das Schauspiel Iphigenie ist die Tochter des Griechenfürsten Agamemnon. Dieser wollte sie der Göttin Diana opfern, um günstige Winde für die Überfahrt nach Troja zu erhalten. Die Göttin rettet Iphigenie jedoch vor dem Opfertod und bringt sie auf die Insel Tauris. Dort wird sie von König Thoas freundlich aufgenommen und nicht, wie es sonst jedem geschieht, der als Fremder die Insel betritt, geopfert. Sie dient nun bereits seit mehreren Jahren der Göttin Diana als Priesterin. Es ist ihr gelungen, Thoas davon zu überzeugen, grundsätzlich von den Menschenopfern abzusehen.

König Thoas, der seine Familie verloren hat, macht Iphigenie einen Heiratsantrag, den sie jedoch ablehnt, da sie bei einer Heirat mit ihm keine Möglichkeit mehr hat, in ihre Heimat zurückzukehren, was ihr größter Wunsch ist. König Thoas ist über die Ablehnung seines Antrags so erzürnt, dass er Iphigenie befiehlt, die Menschenopfer wieder einzuführen, und gleich an zwei Fremden zu vollziehen, die am Ufer der Insel aufgegriffen worden sind. Es stellt sich heraus, dass es sich bei den beiden Fremden um Iphigenies Bruder Orest und ihren Cousin Pylades handelt.

Pylades entwirft einen Fluchtplan, der darauf beruht, dass Iphigenie Thoas belügt. Diese Lüge aber bringt Iphigenie in einen tiefen Gewissenskonflikt, da sie, wie zu zeigen sein wird, nicht ihrer Vorstellung eines wahrhaft menschlichen Miteinanders entspricht.

Bei der Analyse werde ich auf folgende Aspekte eingehen: Iphigenies Verhältnis zu den Göttern, ihre Beziehung zu Pylades und ihre Einstellung gegenüber der Lüge. Als Fazit der genannten Aspekte werde ich wichtige Elemente der Weimarer Klassik erörtern.

Untersuchungsaspekte

Bei der zu analysierenden Szene handelt es sich um einen Monolog Iphigenies. Wie beireits in den vorangegangenen Monologen reflektiert Iphigenie auch hier ihre Situation auf Tauris, indem sie sich an die Götter wendet. In diesen Monologen, die durch die direkte Ansprache der Götter gebetartigen Charakter gewinnen (vgl. hier V. 1382f.), wird Iphigenies Verhältnis zu den Göttern besonders deutlich.

1. Aspekt: Iphigenies Verhältnis zu den Göttern

Der zu analysierende Monolog beginnt mit einem Lob Iphigenies der Götter. Zwar würden diese den Menschen viel Ungemach bereiten, aber sie hielten auch durch die Freundschaft der Menschen zueinander Hilfe bereit (vgl. V. 1376ff.). Dieses wechselnde Schicksal, das die Götter den Menschen bereiten, vom Glück zum Unglück wieder zum Glück, wird sprachlich durch einen Chiasmus verdeutlicht: „Von der Freude zu Schmerzen/Und von Schmerzen zur Freude" (V. 1373f.).

Iphigenies Glaube an die Güte der Götter ist hier noch ungebrochen. Sie hat Verterauen in die Götter, dass diese den Menschen wohlgesonnen sind und sie aus schwierigen Situationen retten (vgl. hierzu auch Iphigenies Monolog am Ende des ersten Aufzugs, V. 538ff.).

Weiterhin ist sie der Auffassung, dass das Geschick der Menschen wesentlich von den Göttern gelenkt wird.

Allerdings sind in ihrer Erzählung der Geschichte der Tantaliden bereits kritische Aspekte deutlich geworden. Iphigenie wirft den Göttern vor, die Menschen zu überschätzen, indem sie sie als ihresgleichen betrachten. Die Menschen aber hätten nicht die moralische Größe, um mit Göttern zu verkehren. Vielmehr sei ihr Verhalten eben „menschlich", d. h. von Übermut und Untreue geprägt (vgl. dazu V. 315 ff.).

Diese Kritik wird im Verlaufe der Handlung noch schärfer, je ausweglosser der Konflikt für Iphigenie erscheint, nur mittels einer Lüge die Insel verlassen zu können (vgl. dazu das Lied der Parzen, V. 1726 ff.).

Bezeichnend ist, dass sich Iphigenie in der entscheidenden Situation der Konfrontation mit Thoas nicht mehr an die Götter wenden, sondern ihre Entscheidung autonom trifft (vgl. V. 1812 ff.).

Zum Zeitpunkt der zu analysierenden Szene ist Iphigenie noch nicht so gefestigt, ihr Leben als unabhängig vom Geschick der Götter zu denken. Und so dankt sie den Göttern, dass sie ihr in Gestalt des Pylades Hilfe zukommen lassen.

2. Aspekt: Iphigenies Verhältnis zu Pylades Iphigenie preist Pylades, der sich sowohl durch seine Tatkraft (vgl. V. 1384 f.) als auch durch bedachtes Handeln auszeichne (vgl. V. 1385 ff.). Sie konkretisiert dieses bedachte Handeln an einem Beispiel, sich selbst, da Pylades sie aus ihrer Untätigkeit herausgerissen habe, als er die Gefahr erkannt habe, in der sie alle schwebten, und einen Fluchtplan entworfen habe.

Diese Charakterisierung von Pylades wird durch mehrere rhetorische Mittel unterstützt. Antithetisch stellt Iphigenie zwei Eigenschaften Pylades' gegenüber, die selbst wiederum in Form eines pars pro toto ausgedrückt sind: Der „Arm des Jünglings" (V. 1384) steht für seine Tatkraft, „des Greises leuchtend Aug" (V. 1385) für die Bedachtheit seines Plans. Diese beiden Charakterzüge sieht Iphigenie als Garant dafür, dess Pylades ein guter Ratgeber ist, der zugleich zur Tat schreitet.

In Iphigenies Lob auf Pylades lassen sich aber auch kritische Untertöne vernehmen. Sie bittet die Götter, ihm gnädig gesonnen zu sein. Ihre Einschränkung „Und was er immer unternehmen mag!" (V. 1383) weist darauf hin, dass Pylades vielleicht nicht immer moralisch recht handelt.

Von zentraler Bedeutung in diesem Zusammenhang ist Iphigenies Formulierung „Und haben kluges Wort mir in den Mund/Gegeben" (V. 1398 f.). Zwei Aspekte sind zu beachten. Die Rede vom „kluge[n] Wort" deutet auf Pylades' Pragmatismus hin. Er stellt ethische Bedenken zurück, um sein Leben zu retten. Auf diesen Pragmatismus hatte schon Orest in kritscher Weise hingewiesen: „Mit seltner Kunst flichtst du der Götter Rat/Und deine Wünsche klug in eins zusammen." (V. 740 f.) Weiterhin zu beachten ist Iphigenies Passivität gegenüber Pylades' Handeln: Sie muss sich belehren lassen. Iphigenie vergleicht sich hier mit einem Kind (vgl. V. 1402 ff.), das noch nicht selbstständig denken und handeln kann und deshalb auf die Führung durch andere angewiesen ist. Diese Einsicht lässt Iphigenie erkennen, dass sie nicht autonom handeln kann. Im Sinne der Aufklärung ist sie damit unmündig. Allerdings bezieht sich ihre Unselbstständigkeit auf ihre Unfähigkeit, moralisch unrecht zu handeln, insbesondere zu lügen, was ebenfalls duch den Vergleich mit einem Kind deutlich wird, das noch nicht gelernt hat zu betrügen.

Konsequenterweise reflektiert Iphigenie nun ihre eigene Einstellung zur Lüge. Sie wendet sich gegen die Lüge, da sie ihrer Überzeugung nach den Lügner nicht aus einer schwierigen Situation rette und ihn nicht tröste, sondern noch tiefer in die konfliktreiche Situation ziehe. Sprachlich verstärkt wird ihre Klage über die moralische Unzulänglichkeit der Lüge durch die Kombination einer Interjektion mit einer Wortwiederholung: „Weh!/Oh weh der Lüge!" (V. 1404 f.) Auch der Satzbau (Ellipse) und die Satzart (Ausruf) verstärken die Klage und machen somit Iphigenies große Abneigung gegen die Lüge deutlich.

3. Aspekt: Iphigenies Einstellung gegenüber der Lüge

Sie zeigt die negativen Folgen einer Lüge an ihrer Person auf: Sie blicke sorgenvoll und nicht erleichtert in die Zukunft und auf das Schicksal ihres Bruders (vgl. V. 1411 ff.). Der Monolog endet damit, dass Iphigenie den herannahenden Arkas, Thoas' Boten und Vertrauten, erblickt. Mit Arkas hat sie bereits ein Gespräch geführt, in dem deutlich geworden ist, wie hoch dieser Iphigenies gutes Wirken auf Tauris einschätzt (vgl. Szene I, 2). Sie erkennt, dass es nicht ihrer eigenen Überzeugung entspricht, diesen Mann zu belügen, wie es der Fluchtplan von ihr verlangt (vgl. V. 1417 ff.).

Mit ihrer Klage über die Lüge bahnt sich schon Iphigenies Entscheidung an, Thoas die Wahrheit über den Fluchtplan zu gestehen. Zuvor aber muss sie sich noch einmal Pylades' Argumenten stellen, um ihre eigene Position zu festigen (vgl. Szene IV, 4).

Bezug zur Epoche und Schluss Iphigenie befindet sich in einer für sie äußerst schwierigen Situation, aus der es scheinbar nur durch unmoralisches Handeln einen Ausweg gibt. Dass Iphigenie sich in dieser Situation dann letztendlich doch zur Wahrhaftigkeit durchringt, macht sie zu einer Idealfigur. Ihr Handeln soll als Vorbild für andere Menschen dienen.

Dieser erzieherische Prozess zur Humanität ist ein wesentlicher Bestandteil der Weimarer Klassik. Iphigenie entspricht dem Ideal der Humanität, da sie ihre subjektiven Interessen, z. B. ihren Wunsch nach Rückkehr in ihre Heimat, zurückstellt und ihr Handeln danach ausrichtet, was ihrer Vorstellung eines wahrhaft menschlichen Miteinanders entspricht. Und die Grundlage des menschlichen Miteinanders ist für Iphigenie die unbedingte Wahrhaftigkeit, wie sie in dem zu analysierenden Monolog aufzeigt.

Der Monolog zeigt aber auch, dass das Erreichen des Ideals ein langwieriger Prozess ist. Die Entscheidung für die Wahrhaftigkeit fällt Iphigenie erst nach einem längeren Reflexionsprozess. Ihr Monolog ist ein Teil dieses Reflexionsprozesses.

Eine besondere Bedeutung in dem Erziehungsprozess zur Humanität kommt der Sprache zu, hier vor allem der Umarbeitung der Prosafassung des Schauspiels in den Blankvers. Die Umarbeitung macht den Neuanfang in Goethes künstlerischem Schaffen deutlich: Entsprachen die freien Rhythmen in seinem Gedicht „Prometheus" dem Freiheitsdrang der Sturm-und-Drang-Zeit und dem Geniegedanken, so wird jetzt die Sprache – wie auch das Handeln – eingebunden in Maß und Ordnung. Die Schönheit der Sprache steht im Zusammenhang mit der Schönheit der Wahrheit. Zur inneren Harmonie zwischen dem Herzen und der Vernunft, die Iphigenie kennzeichnet, gehört auch die Harmonie der Sprache.

Der Blick auf die Prüfung: Themenfelder

Dieses Kapitel dient zur unmittelbaren Vorbereitung auf die Prüfung: Schulaufgabe bzw. Klausur oder schriftliche bzw. mündliche Abiturprüfung. Die wichtigsten Themenfelder werden in einer übersichtlichen grafischen Form dargeboten. Außerdem verweist eine kommentierte Liste mit Internetadressen (S. 109) auf mögliche Quellen für Zusatzinformationen im Netz.

Die schematischen Übersichten können dazu genutzt werden,

- die wesentlichen Deutungsaspekte des Stücks kurz vor der Prüfungssituation im Überblick zu wiederholen,
- die Kerngedanken des Schauspiels noch einmal selbstständig zu durchdenken und
- mögliche Verständnislücken nachzuarbeiten.

Zum Verständnis der Schemata ist die Kenntnis der vorangegangenen Kapitel unerlässlich. Die folgende Schwerpunktsetzung beruht auf Erfahrungen aus jahrelanger Prüfungspraxis. Die Übersicht IV (Vergleichsmöglichkeiten mit anderen literarischen Werken, S. 108) soll als Anregung dienen, um den eigenen Lektürekanon auf möglicherweise interessante Vergleichspunkte hin abzuklopfen.

Übersicht I: Iphigenie auf der Suche nach Autonomie

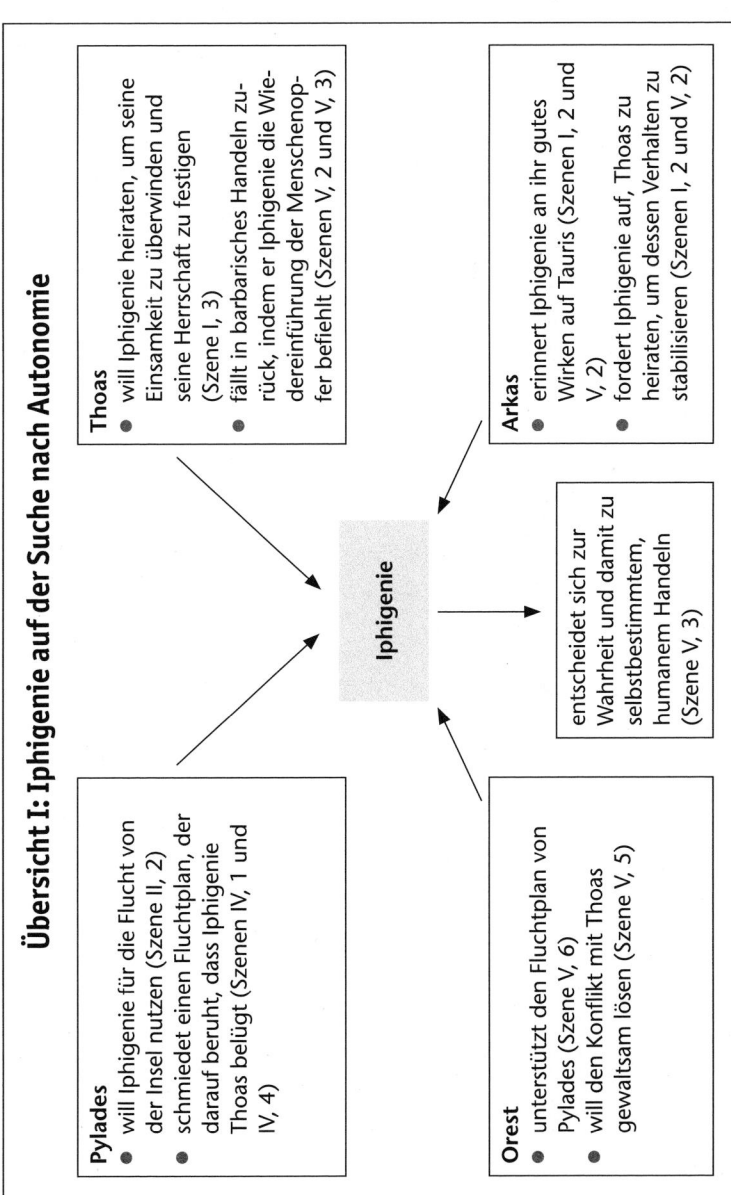

Pylades
- will Iphigenie für die Flucht von der Insel nutzen (Szene II, 2)
- schmiedet einen Fluchtplan, der darauf beruht, dass Iphigenie Thoas belügt (Szenen IV, 1 und IV, 4)

Thoas
- will Iphigenie heiraten, um seine Einsamkeit zu überwinden und seine Herrschaft zu festigen (Szene I, 3)
- fällt in barbarisches Handeln zurück, indem er Iphigenie die Wiedereinführung der Menschenopfer befiehlt (Szenen V, 2 und V, 3)

Arkas
- erinnert Iphigenie an ihr gutes Wirken auf Tauris (Szenen I, 2 und V, 2)
- fordert Iphigenie auf, Thoas zu heiraten, um dessen Verhalten zu stabilisieren (Szenen I, 2 und V, 2)

Iphigenie

entscheidet sich zur Wahrheit und damit zu selbstbestimmtem, humanem Handeln (Szene V, 3)

Orest
- unterstützt den Fluchtplan von Pylades (Szene V, 6)
- will den Konflikt mit Thoas gewaltsam lösen (Szene V, 5)

Übersicht II: Dramentheoretische Aspekte

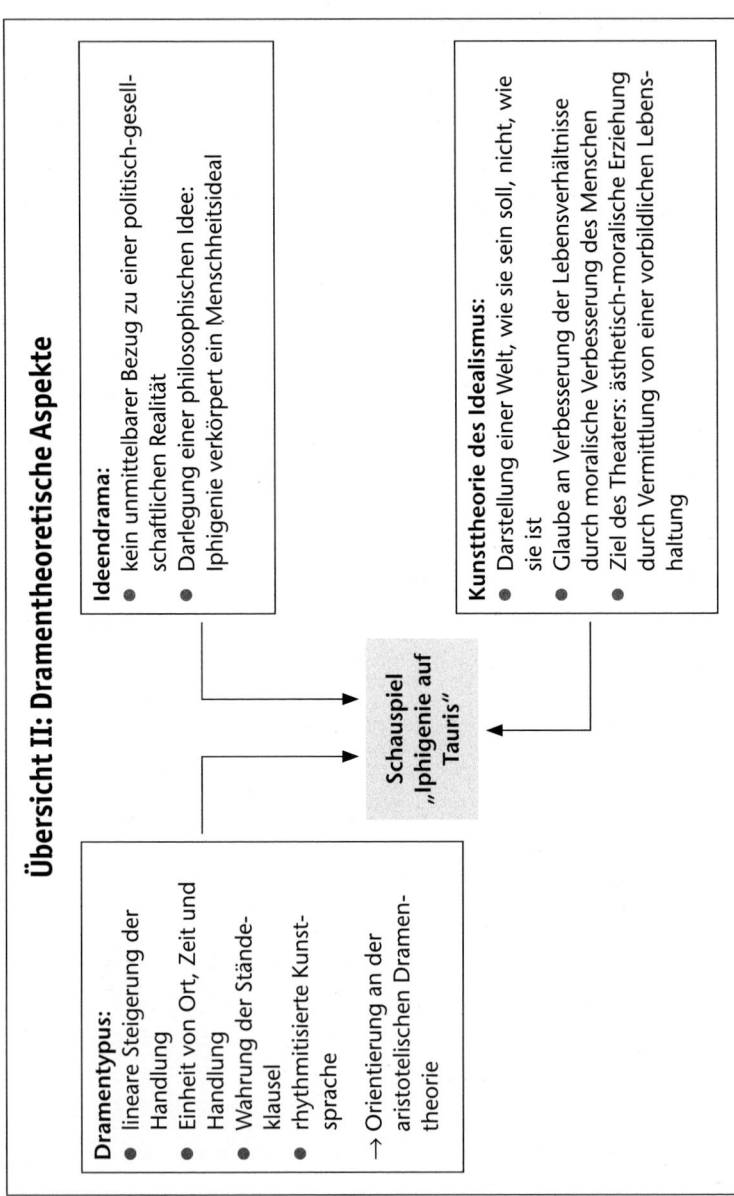

Ideendrama:
- kein unmittelbarer Bezug zu einer politisch-gesellschaftlichen Realität
- Darlegung einer philosophischen Idee: Iphigenie verkörpert ein Menschheitsideal

Kunsttheorie des Idealismus:
- Darstellung einer Welt, wie sie sein soll, nicht, wie sie ist
- Glaube an Verbesserung der Lebensverhältnisse durch moralische Verbesserung des Menschen
- Ziel des Theaters: ästhetisch-moralische Erziehung durch Vermittlung von einer vorbildlichen Lebenshaltung

Schauspiel „Iphigenie auf Tauris"

Dramentypus:
- lineare Steigerung der Handlung
- Einheit von Ort, Zeit und Handlung
- Wahrung der Ständeklausel
- rhythmitisierte Kunstsprache

→ Orientierung an der aristotelischen Dramentheorie

Übersicht III: Ideenträger in Goethes Schauspiel

Pylades als Vertreter einer Klugheitsethik
- orientiert sich am Nutzen einer Handlung,
- legitimiert moralisch bedenkliche Mittel durch den vermeintlich guten Zweck,
- weist der Selbsterhaltung die oberste Priorität zu.

Thoas als Mensch mit Anlagen zur Humanität, die aber stets gefährdet sind,
- hat sich von Iphigenie überzeugen lassen, die Menschenopfer nicht mehr durchzuführen,
- befiehlt in Wut und Zorn die Wiedereinführung der Menschenopfer,
- will den Konflikt mit den Griechen mit Waffengewalt lösen,
- folgt Iphigenies Appell an seine Menschlichkeit und lässt die Griechen unbehelligt nach Hause fahren.

Schauspiel „Iphigenie auf Tauris"

Iphigenie als „schöne Seele"
- handelt in Übereinstimmung von Vernunft und Gefühl,
- übt einen guten Einfluss auf ihre Mitmenschen aus,
- löst sich aus ihrer Fremdbestimmung durch ihre Entscheidung zur unbedingten Wahrheit.

Orest als Mensch mit humanen Anlagen
- erkennt seine Schuld an, seine Mutter getötet zu haben,
- wird durch Iphigenies guten Einfluss von seinen Wahnvorstellungen geheilt,
- erkennt, dass Gewalt keine angemessene Konfliktlösung ist.

Übersicht IV: Vergleichsmöglichkeiten mit anderen literarischen Werken

Figurenvergleiche, z. B.:

- Iphigenie mit Sophokles' Antigone, Shen Te aus Brechts „Der gute Mensch von Sezuan" oder Wolfs Kassandra,
- Pylades mit Posa aus Schillers „Don Carlos",
- Orest mit der gleichnamigen Figur aus Sartres „Die Fliegen" oder
- Thoas mit dem Patriarchen aus Lessings „Nathan der Weise"

Motivvergleiche, z. B.:

- mit dem Motiv des unbedingten Wahrheitsanspruchs in Kleists „Michael Kohlhaas",
- mit dem Motiv der Emanzipation in Lessings „Emilia Galotti" oder
- mit dem Motiv der Lüge in Beckers „Jakob der Lügner" oder Begleys „Lügen in Zeiten des Krieges"

Goethes „Iphigenie auf Tauris"

Goethes Dramenkonzeption im Vergleich

- mit dem Drama des Realismus, z. B. Büchners „Woyzeck",
- mit einem sozialen Drama, z. B. Hebels „Maria Magdalena", oder
- mit einem Drama des epischen Theaters, z. B. Brechts „Der gute Mensch von Sezuan"

Goethes Kommunikationsstrukturen im Vergleich

- mit einem Drama der Aufklärung, z. B. Lessings „Nathan der Weise", oder
- einem Drama des Realismus, z. B. Büchners „Woyzeck"

Internetadressen

Unter diesen Internetadressen kann man sich zusätzlich informieren:

http://xlibris.de/Autoren/Goethe
(ausführliche Information über Leben und Werk Goethes)

www.lindenhahn.de/veroefft/iphi.htm
(ausführliche Deutung des Schauspiels)

http://gutenberg.spiegel.de/index.php?id=19&autorid=205&autor_vorname=+Johann+Wolfgang+von&autor_nachname=Goethe&cHash=b31bbae2c6
(Goethes wichtigste Werke und Briefe)

[Stand: 05.01.2011]

Literatur

Textausgabe:

Johann Wolfgang von Goethe: Iphigenie auf Tauris, hrsg. von Johannes Diekhans, erarbeitet, mit Anmerkungen und Materialien versehen von Michael Fuchs, Schöningh Verlag, Paderborn [8]2010

Sekundärliteratur:

Borchmeyer, Dieter: Iphigenie auf Tauris. In: Interpretationen: Goethes Dramen, hrsg. von Walter Hinder, Reclam, Stuttgart 1992

Dörr, Volker: Weimarer Klassik, UTB W. Fink, Paderborn 2007

Erläuterungen und Dokumente: Johann Wolfgang von Goethe, Iphigenie auf Tauris, hrsg. von Joachim Angst und Fritz Hackert, Reclam, Stuttgart 1969

Greif, Stefan: Arbeitsbuch Klassik, UTB W. Fink, Paderborn 2008

Holst, Günther: Grundlagen zum Verständnis des Dramas: Johann Wolfgang von Goethe, Iphigenie auf Tauris, Diesterweg, Frankfurt a.M. 1976

Johann Wolfgang von Goethe, Iphigenie auf Tauris. Interpretiert von Achim Geisenhanslücke, Oldenbourg Verlag, München 1997

Rasch, Wolfdietrich: Goethes Iphigenie auf Tauris als Drama der Autonomie, C.H. Beck, München 1988

Notizen

Notizen